企业商业秘密管理工作指引

北京市知识产权维权援助中心 编著

图书在版编目（CIP）数据

企业商业秘密管理工作指引/北京市知识产权维权援助中心编著. —北京：知识产权出版社，2020.10

ISBN 978－7－5130－7198－7

Ⅰ.①企… Ⅱ.①北… Ⅲ.①商业秘密—保密法—研究—中国 Ⅳ.①D923.404

中国版本图书馆 CIP 数据核字（2020）第 182452 号

内容提要

本书结合典型案例，系统介绍了我国有关商业秘密保护的法律规定、企业商业秘密日常管理规范、商业秘密侵权纠纷应对方法等基础知识。同时针对近年来企业商业秘密保护中出现的突出问题，重点介绍互联网环境下的企业商业秘密保护，企业对外交流合作中的商业秘密管理以及商业秘密民事、刑事纠纷应对技巧，是一本企业开展商业秘密管理与保护工作必备的实用工具书。

责任编辑：卢海鹰　可　为　　　　责任校对：谷　洋
封面设计：刘　伟　　　　　　　　责任印制：刘译文

企业商业秘密管理工作指引
北京市知识产权维权援助中心　编著

出版发行：	知识产权出版社 有限责任公司	网　址：	http：//www.ipph.cn
社　址：	北京市海淀区气象路 50 号院	邮　编：	100081
责编电话：	010－82000860 转 8335	责编邮箱：	keweicoca@163.com
发行电话：	010－82000860 转 8101/8102	发行传真：	010－82000893/82005070/82000270
印　刷：	三河市国英印务有限公司	经　销：	各大网上书店、新华书店及相关专业书店
开　本：	880mm×1230mm　1/32	印　张：	5.875
版　次：	2020 年 10 月第 1 版	印　次：	2020 年 10 月第 1 次印刷
字　数：	122 千字	定　价：	39.00 元

ISBN 978－7－5130－7198－7

出版权专有　侵权必究
如有印装质量问题，本社负责调换。

《企业商业秘密管理工作指引》编委会

主　编：杨东起

副主编：周立权

编　委：王连洁　于　飞　陈发扬

执笔人：曹丽萍　谭乃文　陈　栋　刘　晶

统　筹：朱　禾

前　言

2017年10月1日起施行的《民法总则》第123条将商业秘密与作品、发明、实用新型、外观设计、商标等并列为知识产权的保护客体，明确了商业秘密作为基本民事权利的法律地位。2017年《反不正当竞争法》进行了修订，对商业秘密的定义作了修改；2019年《反不正当竞争法》进行了修正，扩充了商业秘密的类型。2021年1月1日起施行的《民法典》第123条再次明确了商业秘密的法律地位。商业秘密作为不为公众所知悉、具有商业价值并经权利人采取相应保密措施的技术信息、经营信息等商业信息，越来越受到企业的重视。尤其是在人工智能、云计算、区块链等新技术快速发展的今天，企业商业秘密的表现形式和内容更加多元和复杂，其管理和保护的难度随之提升。激烈的市场竞争，要求企业必须不断提高商业秘密保护意识，采取科学、有效的保护措施，对商业秘密进行系统化的管理，提升商业秘密风险防范能力，支撑企业持续健康发展。

  本书依据与商业秘密保护相关的法律修订的最新内容，结合案例，系统介绍我国有关商业秘密保护的法律规定、企业商业秘密日常管理规范、商业秘密侵权纠纷应对方法等基础知识。同时针对近年来企业商业秘密保护中出现的突出问题，重点介绍互联网环境下的企业商业秘密保护、员工"跳槽"与企业商业秘密管理、员工离职后的商业秘密保护义务、企业对外交流合作中的商业秘密管理以及商业秘密民事与刑事纠纷应对策略等方面内容，是一本企业开展商业秘密管理与保护工作必备的实用工具书。

编者
二〇二〇年七月

目 录

第一章 商业秘密法律规定 / 001

第一节 商业秘密的定义 / 001
一、国际公约对于商业秘密的定义 / 002
二、我国法律对于商业秘密的定义 / 004

第二节 商业秘密的构成要件 / 005
一、秘密性 / 006
二、价值性 / 008
三、保密措施 / 009

第三节 商业秘密的归属 / 011
一、技术信息的归属 / 011
二、经营信息的归属 / 016

第四节 侵犯商业秘密的判定 / 018
一、侵犯商业秘密行为 / 018
二、侵犯商业秘密罪 / 022

第二章　企业商业秘密管理 / 026
　第一节　企业如何划定商业秘密的范围 / 027
　　一、如何进行信息归纳整理 / 027
　　二、如何合理划分保密等级 / 030
　第二节　企业如何建立反泄密机制 / 032
　　一、反泄密机制的基本方针和主要模式 / 032
　　二、反泄密机制的具体措施 / 034
　第三节　企业与员工签订保密协议的有关问题 / 041
　　一、保密协议的主要内容 / 041
　　二、保密协议的注意事项 / 045
　第四节　企业与员工签订竞业限制协议的有关问题 / 047
　　一、竞业限制的分类 / 047
　　二、竞业限制的主要内容 / 049
　　三、竞业限制协议的纠纷解决 / 054
　第五节　企业商业秘密管理中的突出问题 / 055
　　一、互联网环境下的企业商业秘密保护 / 055
　　二、员工"跳槽"与企业商业秘密管理 / 058
　　三、员工离职后的商业秘密保护义务 / 060
　　四、企业对外交流合作中的商业秘密管理 / 061

第三章　企业商业秘密侵权纠纷应对 / 064
　第一节　纠纷解决方式的选择 / 065

一、行政救济 / 065

二、民事救济 / 069

三、刑事救济 / 081

第二节　民事司法案件 / 087

一、程序问题 / 087

二、实体问题 / 102

第三节　刑事司法案件 / 117

一、程序问题 / 117

二、实体问题 / 128

第四章　企业商业秘密保护典型案例评析 / 134

【案例1】披露商业秘密行为的主观要件应为故意或者重大过失

——新丽传媒集团有限公司诉北京派华文化传媒股份有限公司侵害商业秘密案 / 134

【案例2】员工利用职务之便买卖客户资料行为的法律责任

——重庆慢牛工商咨询有限公司与重庆亿联金汇企业管理咨询有限公司、谭某侵犯商业秘密案 / 142

【案例3】投标竞标中商业秘密的保护

——克拉玛依金驼运输服务有限公司诉

　　　　　　　克拉玛依市凯隆油田技术服务有限
　　　　　　　公司、谭某不正当竞争再审案 / 149

【案例4】侵犯商业秘密案件中的行为保全
　　　　　　——美国礼来公司、礼来（中国）研发
　　　　　　　有限公司与黄某侵犯商业秘密行为
　　　　　　　保全申请案 / 156

【案例5】刑事案件中秘密点和危害后果的认定
　　　　　　——许某等犯侵犯商业秘密罪案 / 161

【案例6】多人共同侵犯商业秘密的认定
　　　　　　——叶某等犯侵犯商业秘密罪案 / 168

北京市知识产权维权援助中心简介 / 175

第一章　商业秘密法律规定

第一节　商业秘密的定义

21世纪以来，人类社会正处在新一轮知识与信息化产业革命的关键时期。世界范围内科技创新活动蓬勃活跃，新科技浪潮汹涌澎湃，不断推动着新技术和新商业模式日新月异的发展。著名经济学家、被誉为"数字时代"三大思想家之一的乔治·吉尔德在《知识与权力：信息如何影响决策及财富创造》一书中提出："企业所掌握的知识以及分享、利用知识的自由，是推动经济发展的动力之源。"企业在经营中不断发展壮大，其技术信息、经营信息等知识亦随之不断积累、整合和改进。这些商业秘密作为企业的无形资产，是企业经营和发展的核心资源，也是企业保持竞争优势、打造核心竞争力的关键因素。

近年来，随着人工智能、云计算、区块链等信息技术的突飞猛进，企业对于信息的开发、整理、管理和应用的手段和工具日益多样化。这也导致企业商业秘密的表现形式和内容更加多元和复杂，企业商业秘密管理的难度亦随之提升。此外，商业秘密的巨大价值也成为商业秘密违法和犯罪行为的诱因，各类侵权和犯罪手段呈现出多样化和复杂化趋势，企业商业秘密保护的需求更加凸显。哪些信息属于法律所规定商业秘密？如何提升企业商业秘密的管理水平，增强企业商业秘密保护法律意识，有力打击商业秘密的侵权、犯罪行为？这些问题均引起了社会、企业及媒体的广泛关注。

一、国际公约对于商业秘密的定义

《与贸易有关的知识产权协定》（TRIPS）第39条规定：在保证按《巴黎公约》1967年版本第10条之二的规定为反不正当竞争提供有效保护的过程中，成员应依照本条第2款，保护未披露的信息；应依照本条第3款，保护向政府或政府的代理机构提交的数据。目前，普遍认为TRIPS中"未披露的信息"就是指商业秘密。"只要有关信息符合下列三个条件：（1）在一定意义上，其属于秘密，就是说，该信息作为整体或作为其中内容的确切组合，并非通常从事有关该信息工作领域的人们所普遍了解或者容易获得的；（2）因其属于秘密而具有商业价值；（3）合法控制该信息的人，为保密已经根据有关情况采取了合理的措施。"[1]

根据 TRIPS 的规定，商业秘密是一种知识产权，但不同于著作权、商标权、专利权等其他知识产权所规定的"权利所有人"，有权主张商业秘密保护的主体为"合法控制人"。此外，TRIPS 未规定商业秘密的范围，仅在构成要件上规定了大多数公约成员共同认可的秘密性、商业价值和合理措施。

1996 年世界知识产权组织（WIPO）通过的《反不正当竞争示范法》第 6 条中，对于秘密信息作出如下定义："本条所称的信息在下列情形下被认定为'秘密信息'：（i）作为一个整体或以其组成部分的精确排列和组合形式，它不为那些通常涉及此类信息的同业者所共知或易于获得；（ii）它因其为秘密而具有商业价值；并且（iii）在上述情况下，它由合法持有人为保密而采取了合理措施。"该条款还对于不正当竞争行为进行了示例，包括未经合法持有人许可，商业秘密被他人披露，特别是在下列情形下获取或使用：（i）工商业间谍；（ii）违约；（iii）背信；（iv）引诱从事（i）至（iii）项所列任一行为；（v）第三人明知或因重大过失未知（i）至（iv）项中的某一行为涉及商业秘密信息的不正当获取，而获取商业秘密。[2]

---

[1] 知识产权协议 [M]．郑成思，译．北京：学习出版社，1994：28.
[2] 郑友德，焦洪涛．反不正当竞争的国际通则：WIPO 反不正当竞争示范条款述要 [J]．知识产权，1999（3）：48.

二、我国法律对于商业秘密的定义

我国商业秘密立法经历了从无到有、从零星分散到逐步完善的历程，目前主要以《中华人民共和国民法典》（简称《民法典》）、《中华人民共和国反不正当竞争法》（简称《反不正当竞争法》）及《中华人民共和国刑法》（简称《刑法》）作为民事、行政及刑事的主要保护模式。

1993年12月1日起施行的《反不正当竞争法》首次对商业秘密的定义作出了规定："本条所称的商业秘密，是指不为公众所知悉、能为权利人带来经济利益、具有实用性并经权利人采取保密措施的技术信息和经营信息。"原国家工商行政管理局于1995年发布的《关于禁止侵犯商业秘密行为的若干规定》第2条对商业秘密的定义作了同样的规定。

2017年10月1日，《中华人民共和国民法总则》施行。该法第123条明确规定，商业秘密是知识产权的保护客体之一。2017年11月4日，《反不正当竞争法》进行了修订，对商业秘密的定义作了修改，将"能为权利人带来经济利益、具有实用性"改为"具有商业价值"。2019年4月23日，我国再次对《反不正当竞争法》进行修正，扩充了商业秘密的类型，修改后的条文为："本法所称的商业秘密，是指不为公众所知悉、具有商业价值并经权利人采取相应保密措施的技术信息、经营信息等商业信息。"修改后的法律条文构成要件上与TRIPS一致，用词更加精准、科学和具体。

《民法典》第 123 条将商业秘密作为民事主体依法享有的知识产权予以保护。同时，在第 501 条中规定："当事人在订立合同过程中知悉的商业秘密或者其他应当保密的信息，无论合同是否成立，不得泄露或者不正当地使用；泄露、不正当地使用该商业秘密或者信息，造成对方损失的，应当承担赔偿责任。"

司法实践中，商业秘密所指向的信息应当有较为清晰的边界和范围。诉讼中，有些当事人所主张的商业秘密的范围模糊不清，仅称某策划案、某构思为其商业秘密，没有具体明确其要求保护的商业秘密由哪些信息组成，载体是什么，各个组成部分之间的关系，以及如何将该信息付诸实施。商业秘密的内容如果不确定，也就难以认定具有商业价值。

第二节　商业秘密的构成要件

"任何术语的界定都在于抽象出该事物的质的规定性，就商业秘密术语的界定而言，其核心就在于揭示商业秘密的构成要件或特征。现代社会充斥着各种各样的信息，但并非任何和技术、经营或者商业有关的信息都是商业秘密。"❶ 商业秘密作为知识产权的法定客体，其本质是一种

---

❶ 张耕，等. 商业秘密法 [M]. 2 版. 厦门：厦门大学出版社，2017：6.

信息，是不为公众所知悉、具有商业价值并经权利人采取相应保密措施的某种技术或者经营性信息。这些信息一般都被某种有形形式承载或体现，如客户名单、产品模型、设计图纸等。同时，基于上述信息所产生的某种产品或提供的某种服务，是商业秘密的成果体现，并非商业秘密保护的对象。根据《反不正当竞争法》❶ 第9条的规定，商业秘密的构成要件有三项：一是秘密性，即"不为公众所知悉"；二是价值性，即"具有商业价值"；三是保密措施，即"经权利人采取相应保密措施"。具备以上全部要件的商业信息，才属于法律规定的商业秘密。就商业秘密的类型而言，《反不正当竞争法》采取开放式的规定，为"技术信息、经营信息等商业信息"。技术信息和经营信息等商业信息，一般包括设计、程序、产品配方、制作工艺、制作方法、管理诀窍、客户名单、货源情报、产销策略、招投标中的标底及标书内容等信息。

一、秘密性

商业秘密的秘密性，是指不为所属领域的相关人员普遍知悉或者容易获取。认定为"不为公众所知悉"应注意以下几点：

第一是相对秘密性，即不要求该信息绝对不为他人所

---

❶ 如无特别指明，本书中《反不正当竞争法》均指2019年4月23日修正后现行的版本。

知。该信息为一定范围的人员合法知悉,不影响其具有秘密性。不同的权利主体可以合法地同时拥有相同或近似的商业秘密,他人掌握相同或近似的技术信息和经营信息并非就是侵权。

第二是秘密性的判断时间为"侵权行为发生时"。只要在侵权行为发生时该信息具有秘密性,其后该信息无论是否公开,都不影响侵权行为的认定。

第三是新商业信息受法律保护。对为公众所知悉的信息进行整理、编排、组合、改进后形成的新信息,其在侵权行为发生时不为所属领域的相关人员普遍知悉或者容易获取的,应认定为具有秘密性。

根据2007年2月1日起施行的《最高人民法院关于审理不正当竞争民事案件应用法律若干问题的解释》第9条第2款规定:"具有下列情形之一的,可以认定有关信息不构成不为公众所知悉:(一)该信息为其所属技术或者经济领域的人的一般常识或者行业惯例;(二)该信息仅涉及产品的尺寸、结构、材料、部件的简单组合等内容,进入市场后相关公众通过观察产品即可直接获得;(三)该信息已经在公开出版物或者其他媒体上公开披露;(四)该信息已通过公开的报告会、展览等方式公开;(五)该信息从其他公开渠道可以获得;(六)该信息无需付出一定的代价而容易获得。"

一般来说,如果相关商业信息已经在相关领域的国家或者行业技术标准、教科书、工具书、辞典、专利文献、学术刊物等公开出版物上公开,或者在公开的媒体、展会上展示，对于这一领域的相关人员来说属于普遍知悉或者容易获取的信息，通常被认定为缺乏秘密性而无法作为商业秘密受到法律保护。

二、价值性

商业秘密的价值性，是指商业秘密通过现在的或将来的使用，能为侵权人或者权利人带来现实的或者潜在的经济利益或竞争优势。

第一，判断商业秘密是否具有商业价值，不应仅局限于现实的价值，也包括潜在的价值。商业秘密既包括现阶段可以直接使用且能够获取经济利益的技术信息、经营信息等，也包括具有潜在价值的正在研发过程中或者经营活动中形成的阶段性成果。

第二，商业价值不应单纯地从权利人的角度出发，还应从侵权人的角度来判断。例如，权利人在研发过程中的实验失败数据、资料等，对于竞争对手来说，可以有效降低开发成本，仍应认定为具有商业价值。

第三，权利人对于商业秘密投入的成本可以佐证商业秘密的价值性，例如权利人投入较大劳动和成本获得的客户名称、地址、联系方式、交易习惯、特定需求等信息。但权利人投入成本与商业秘密的价值大小并非具有正相关关系，一些投入很小甚至没有成本的商业秘密也可能产生巨大的经济价值，例如偶然获得的食品秘方、技术诀窍等。这些投入成本较小的信息，也可能被认定为具有较高的商业价值。

第四，过于微不足道的商业信息不宜认定为商业秘密。毕竟，当一项商业秘密"紧密依附于其不应该享有权利的公知知识，或与他人的知识产权，与劳动者的一般知识、技能、经验结合太近，同时在整体上处于从属地位"[1]时，如果将该信息作为商业秘密予以保护，将不合理地损害社会、他人的合法利益。

三、保密措施

权利人是否对于商业信息采取了保密措施，是该信息能否作为商业秘密受到法律保护的关键环节。根据《反不正当竞争法》及相关司法解释的规定，"保密措施"是指权利人在侵权行为发生时采取了与该信息的商业价值等具体情况相适应的合理保护措施。

在商业秘密认定的实践中，保密措施本身不是一个问题，其本质是保密措施的合理性判断问题。[2] 其具体判断方法是：根据所涉信息载体的特性、权利人保密的意愿、保密措施的可识别程度、他人通过正当方式获得的难易程度等因素，综合认定在正常情况下是否足以防止涉密信息泄露。

在司法实践中，采取保密措施是商业秘密权利人具有保密意思的重要表现，也是认定被控侵权人具有主观恶意

---

[1] 张玉瑞. 商业秘密法学 [M]. 北京：中国法制出版社，1999：167.
[2] 谢晓尧. 在经验与制度之间：不正当竞争司法案例类型化研究 [M]. 北京：法律出版社，2014：399.

的前提。法律所干预的是不诚信的窃取、泄密及使用他人商业秘密的行为。因此，如下措施一般可以视作合理的保密措施：（1）限定涉密信息的知悉范围，只对必须知悉的相关人员告知其内容；（2）对于涉密信息载体采取加锁等防范措施，在涉密信息的载体上标有保密标志；（3）对于涉密信息采用密码或者代码等；（4）签订保密协议；（5）对于涉密的机器、厂房、车间等场所限制来访者或者提出保密要求以及其他确保信息处于秘密状态的合理措施。

对于"保密措施"应注意以下几点：

其一，相应保密措施具有相对性，不要求达到万无一失，但在通常情况下足以防止他人以不正当手段获取。

其二，保密措施是认定信息构成商业秘密的要件之一，但并非依据保密措施来推定商业秘密的存在。对于一些已为公众所知悉或者不具有商业价值的信息，仅采取保密措施不能作为该信息能够作为商业秘密受到法律保护的充分条件。

其三，企业采取的保密措施应当与该商业信息的价值相适应。对于一些商业价值较高的信息，采用过于简单的保密措施使得所属领域的人员能够较为容易获取的，该信息可能因为企业管理不当而被认定为未采取合理的保密措施，进而无法作为商业秘密受到法律保护。

其四，企业加盖"解密"印章、解除保密措施、将信息内容作为废纸处理等行为，可以视为未采取保密措施。在这种情况下，即使相关商业信息仍属于具有秘密性和价值性的状态，仍然会因为企业未采取保密措施而无法作为商业秘密受到法律保护。

第三节　商业秘密的归属

一、技术信息的归属

与科学技术有关的技术诀窍、结构、组分、原料、材料、样式、工艺、方法或其步骤、算法、数据、计算机程序及其有关文档等信息，可以构成技术信息商业秘密。

技术秘密是商业秘密的重要类型之一。根据《最高人民法院关于审理技术合同纠纷案件适用法律若干问题的解释》第 1 条的规定，技术成果，是指利用科学技术知识、信息和经验作出的涉及产品、工艺、材料及其改进等的技术方案，包括专利、专利申请、技术秘密、计算机软件、集成电路布图设计、植物新品种等；技术秘密，是指不为公众所知悉，具有商业价值并经权利人采取保密措施的技术信息。技术成果中创新性的技术信息往往属于技术秘密。

（一）企业员工创造的技术信息的归属

技术信息往往开发周期较长、耗资巨大、成本较高，技术创造的难度不断加大，因此，技术信息的创造往往需要借助企业这一组织形式多方协作，难以单凭个人力量完成。《反不正当竞争法》对于商业秘密的归属未作明确规定。实践中，这一问题需要考察两部分事实：一是商业秘

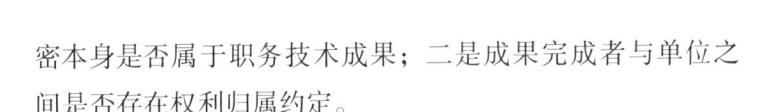

密本身是否属于职务技术成果；二是成果完成者与单位之间是否存在权利归属约定。

根据《民法典》第 847 条、第 848 条的规定，员工可以与单位约定职务技术成果和非职务技术成果的权利归属。

职务技术成果是执行法人或者非法人组织的工作任务，或者主要是利用法人或者非法人组织的物质技术条件所完成的技术成果。职务技术成果的使用权、转让权属于法人或者非法人组织的，法人或者非法人组织可以就该项职务技术成果订立技术合同。

按《最高人民法院关于审理技术合同纠纷案件适用法律若干问题的解释》中的规定，"执行法人或者其他组织的工作任务"[1]，一般包括以下两种情形：（1）履行法人或者其他组织的岗位职责或者承担其交付的其他技术开发任务；（2）离职后一年内继续从事与其原所在法人或者其他组织的岗位职责或者交付的任务有关的技术开发工作。

"主要是利用法人或者其他组织的物质技术条件"，指主要是利用法人或者其他组织的资金、设备、器材、原材料、未公开的技术信息和资料等，一般包括：（1）员工在技术成果的研究开发过程中，全部或者大部分利用了法人或者其他组织的资金、设备、器材或者原材料等物质条件，并且这些物质条件对形成该技术成果具有实质性的影响；（2）该技术成果实质性内容是在法人或者其他组织尚未公

---

[1] 《民法典》中已使用"法人或者非法人组织"，司法解释中的"其他组织"对应"非法人组织"。

开的技术成果、阶段性技术成果基础上得以完成的。

员工在创造、开发技术成果时跳槽的，其个人完成的技术成果，属于执行原企业的工作任务，又主要利用了现所在企业的物质技术条件的，应当按照该员工原所在和现所在企业达成的协议确认权益。不能达成协议的，根据对完成该项技术成果的贡献大小由双方企业合理分享。

在以下几种情况下，企业对于员工创造的技术信息不享有权益：（1）企业与员工曾就员工在职期间或者离职以后所完成的技术成果的权益作出约定，约定归员工所有；（2）员工在技术成果的研究开发过程中，虽利用企业提供的物质技术条件，但约定返还资金或者交纳使用费的，该技术信息应归员工所有；（3）员工独立完成技术成果的研究开发，仅在技术成果完成后利用企业的物质技术条件对技术方案进行验证、测试的，该技术信息不属于利用企业的物质技术条件完成，一般仍认定归员工所有。

对于开发、创造职务技术成果的员工来说，根据《民法典》第849条的规定："完成技术成果的个人享有在有关技术成果文件上写明自己是技术成果完成者的权利和取得荣誉证书、奖励的权利。"当企业订立技术合同转让职务技术成果时，职务技术成果的完成人享有以同等条件优先受让的权利。完成技术成果的个人，是指提出实质性技术构成并由此实现技术方案的人，包括对技术成果单独或者共同作出创造性贡献的人，也即技术成果的发明人或者设计人。仅提供资金、设备、材料、试验条件，进行组织管理，协助绘制图纸、整理资料、翻译文献等的人员，不属于完成职务技术成果的个人。

（二）合作开发的技术信息的归属

随着全球创新合作的日益频繁及复杂技术项目的不断出现，合作开发技术的情形也日益增多。技术秘密的开发合同属于技术开发合同。根据《民法典》第851条的规定，技术开发合同应采用书面形式。合作开发的各方一般均会对开发内容、开发目的，尤其是权益归属进行约定。委托开发合同的委托人应当按照约定支付研究开发经费和报酬，提供技术资料，提出研究开发要求，完成协作事项，接受研究开发成果。委托开发合同的研究开发人应当按照约定制订和实施研究开发计划，合理使用研究开发经费，按期完成研究开发工作，交付研究开发成果，提供有关的技术资料和必要的技术指导，帮助委托人掌握研究开发成果。

合作开发的技术成果，存在申请专利和作为商业秘密等多种保护方式。根据《中华人民共和国专利法》（简称《专利法》）的规定，如果合作各方未约定是否申请专利，则任何一方均不得组织其他方申请专利；多个合作方对于发明创造的完成作出实质性贡献的，均可成为共同申请人，并在该专利申请被授权后成为共同的专利权人。技术秘密一旦被申请专利，其相关内容因公开而被相关公众所知悉，就无法再作为商业秘密受到法律的保护。因此对于开发合作的技术信息，一是要书面订立合同，明确技术秘密的归属；二是如果多个合作方共有，则还需要约定是否申请专利以及专利权的归属。

未约定技术信息的权利归属的,一般参考《专利法》、《中华人民共和国著作权法》(简称《著作权法》)等法律的规定,认定属于完成或者共同完成的单位或者个人。

(三) 委托开发的技术信息的归属

随着现代科技的发展和分工的日益细化,企业以及个人委托或者接受他人委托从事研发工作的情形较为常见。对于技术信息的开发、创造,一方当事人仅提供资金、设备、材料等物质条件或者承担辅助协作事项,另一方进行具体研究开发工作的,属于委托开发合同。

那么委托开发的技术信息应如何归属呢?与合作开发合同一样,技术信息的委托开发合同也需要采用书面形式,委托开发的技术成果的归属,原则上遵从各方当事人的约定。因此,各方当事人在签订委托开发合同时,应明确开发的技术成果的使用权、转让权的归属以及利益分配等内容。

如果各方当事人在技术委托开发合同中没有约定技术成果的归属,或者虽然有约定但约定不明确,可以采用补充协议的方法予以确定。如果各方不能达成补充协议的,根据《民法典》第859条的规定,委托开发完成的发明创造,除法律另有规定或者当事人另有约定外,申请专利的权利属于研究开发人。研究开发人取得专利权的,委托人可以依法实施该专利。《民法典》第861条规定,在没有相同技术方案被授予专利权前,当事人均有使用和转让的权利。但是,委托开发的研究开发人不得在向委托人交付研究开发成果之前,将研究开发成果转让给第三人。简单说,各方当事人均有不经过对方同意而自己使用或者以普通使用许可的方式许可他人使用技术秘密,并独占由此获得利益的权利。如果当事人一方将技术秘密的转让权让与他人,或者以独占或者排他使用许可的方式许可他人使用技术秘密,则需要经过其他当事人同意或者追认,否则该转让或者许可行为无效。

二、经营信息的归属

商业秘密中,与经营活动有关的客户信息、经营创意、营销策划、相关样本、投标标底、数据及其汇编等信息,属于企业的经营信息。一般来说,企业在经营或者管理过程中所形成的经营秘密权益归企业所有。

权利人主张"商业秘密"的经营创意、营销策划、相关样本、投标标底、数据及其汇编等经营信息,还可能构成文字作品、美术作品或者计算机软件等著作权法保护的客体。根据《著作权法》第16条的规定,主要是利用企业的物质技术条件创作,并由企业承担责任的工程设计图、产品设计图、地图、计算机软件等职务作品,其著作权归企业享有。作者享有署名权,企业可以给予作者奖励。

在以下几种情况下,企业的经营信息不属于商业秘密或者不享有相关权益:

第一,缺乏保密措施的一般经营信息。并非所有的经营信息都构成商业秘密。缺乏秘密性的经营信息,可能属于社会公共资源，企业或个人均无法按商业秘密主张权益。例如，在深圳前海中福堂国医馆连锁管理有限公司（简称"中福堂公司"）诉刘某侵害商业秘密纠纷一案❶中，法院认定"VIP会员卡资费目录、美团套餐项目表"的性质本身即属于需向顾客公开的信息，在中福堂公司未举证证明其秘密性的情况下，法院对上述信息的秘密性不予认定，上述信息不构成商业秘密。

第二，相关公众知悉的客户信息。权利人往往通过主张"客户名单"属于商业秘密阻止他人特别是离职员工与客户交易，以此达到垄断特定用户资源的目的。随着信息技术网络的发展，搜索特定客户信息的难度已显著降低。如果权利人仅以某一特定客户曾与其存在交易关系为由，主张该客户信息属于商业秘密，但无法进一步指出符合商业秘密要件的具体信息内容并提交证据的，则难以得到支持。

第三，企业与员工在职期间或者离职后对所完成的经营信息作出过约定，约定权利归员工所有。

第四，构成文字作品、美术作品等的经营创意、营销策划、相关样本、投标标底等经营信息。在该作品不属于主要是利用企业的物质技术条件创作，并由企业承担责任的职务作品，法律和合同也没有约定作品归属的情况下，作品的著作权归作者享有，但企业有权在其业务范围内优

---

❶ 参见深圳市前海合作区人民法院（2019）粤0391民初553号民事判决书。

先使用。作品完成 2 年内，未经企业同意，作者不得许可第三人以与企业使用的相同方式使用该作品。

第五，客户基于对员工的信赖而与员工所在企业进行交易，员工离职后，能证明客户自愿与员工新企业进行交易的，此类客户信息不属于前企业的经营秘密。

第四节　侵犯商业秘密的判定

英国法谚说"没有救济就没有权利"。商业秘密往往蕴含着巨大的经济价值，是企业在市场竞争中不可或缺的核心资源和重要筹码；侵犯商业秘密行为又往往带有易发性、隐蔽性、技术性和多样性的特点，因此需要多层次、多渠道地加大商业秘密法律保护力度，打击和遏制侵害商业秘密的违法犯罪行为，有效规范市场竞争秩序，维护公平健康的营商环境。根据《反不正当竞争法》及《刑法》的规定，侵害他人商业秘密的法律责任可以分为民事责任、行政责任和刑事责任。

一、侵犯商业秘密行为

《反不正当竞争法》第 9 条规定了侵犯商业秘密的四种具体行为：一是以盗窃、贿赂、欺诈、胁迫、电子侵入或者其他不正当手段获取权利人的商业秘密；二是披露、使用或者允许他人使用以前项手段获取的权利人的商业秘密；

三是违反保密义务或者违反权利人有关保守商业秘密的要求，披露、使用或者允许他人使用其所掌握的商业秘密；四是教唆、引诱、帮助他人违反保密义务或者违反权利人有关保守商业秘密的要求，获取、披露、使用或者允许他人使用权利人的商业秘密。

具体来说，《反不正当竞争法》列举了盗窃、贿赂、欺诈、胁迫、电子侵入或者其他不正当手段构成侵害他人商业秘密的主要情形。个人和企业均可承担侵犯商业秘密的法律责任。其他企业或者个人如果明知或者应知商业秘密权利人的员工、前员工或者其他单位、个人实施侵害商业秘密行为，仍获取、披露、使用或者允许他人使用该商业秘密的，视为侵犯商业秘密。

值得注意的是，如果企业通过自行开发研制或者通过反向工程等方式获得了他人的商业秘密，这种行为不属于侵犯商业秘密的行为。例如，通过技术手段对从公开渠道得到产品进行拆卸、测绘、分析等方法获得该产品的技术信息，这种行为不为法律所禁止。但是如果以不正当手段知悉他人商业秘密之后，又以上述理由主张获取行为合法的，则该主张不能得到支持。

例如，福建泉州的琪祥公司是一家专门从事车载对讲机生产的企业，其通过组建专门的技术团队进行研发，升级、完善型号为"588"的车载对讲机。胡某是琪祥公司的新产品试制工程师，参与了588车载对讲机工艺流程及生产方法的研发工作。随后，胡某离职后到琪祥公司的竞争对手特易通公司从事相同岗位的工作，特易通公司很快也研制出与588车载对讲机类似的产品。胡某和特易通公司均抗辩说，他们是通过在市面上购买588车载对讲机产品后，通过拆卸、分析等方法研发出类似技术的。但是法院经过调查发现，特易通公司产品的格式电路板文件上丝印框的规格尺寸、元件属性中元件的封装名称以及网络的规则、名称、线宽、间隙等技术数据与琪祥公司在2010年初研发的技术基础上修改的格式电路板文件完全相同；焊盘大小尺寸定义系琪祥公司采用的专用尺寸，精确度到千分位，特易通公司的技术资料在焊盘大小尺寸上亦与琪祥公司分毫不差。这部分技术信息并未体现在市场上销售的588车载对讲机的电路板实物上，无法通过反向工程等方式获得。最终，法院认定胡某和其新入职的公司特易通公司均构成侵犯商业秘密的行为。[1]

在侵犯商业秘密案件中，由于权利人取证困难，商业秘密侵权认定普遍采取"接触加实质性相似，并排除合法来源"的证据规则，即权利人只需证明被控侵权技术与其商业秘密相同或实质相同，以及被控侵权人具有接触其商业秘密的事实，就转由被控侵权人承担自己没有侵权的举证责任；倘若其不能证明其商业秘密具备合法来源等免责事由，则可能被认定侵权成立。

《反不正当竞争法》第21条规定了侵犯商业秘密行为的行政责任，对于实施侵害他人商业秘密行为的经营者以及其他自然人、法人和非法人组织，可由监督检查部门责

---

[1] 参见福建省高级人民法院（2013）闽民终字第960号民事判决书。

令停止违法行为，没收违法所得，处 10 万元以上 100 万元以下的罚款；情节严重的，处 50 万元以上 500 万元以下的罚款。

《反不正当竞争法》第 17 条规定了侵犯商业秘密行为的民事责任，因不正当竞争行为受到损害的经营者的赔偿数额按照其因被侵权所受到的实际损失确定；实际损失难以计算的，按照侵权人因侵权所获得的利益确定。权利人因被侵权所受到的实际损失、侵权人因侵权所获得的利益难以确定的，由人民法院根据侵权行为的情节判决给予权利人 500 万元以下的赔偿。此外，对于恶意实施侵犯商业秘密且情节严重的违法行为，《反不正当竞争法》还规定了可以在 1 倍以上 5 倍以下进行惩罚性赔偿，以此加大对于恶意实施侵犯商业秘密行为的打击力度，充分保护商业秘密权利人的权益。

在司法实践中，适用法定赔偿确定侵犯商业秘密的赔偿数额时，可以综合考虑商业秘密的市场价值，即商业秘密的种类、研究开发成本、创新程度高低、可保持竞争优势的时间，转让费、许可使用费等实际收益或预期收益，被诉行为的性质、持续时间、范围及后果等因素。同一案件中，被告侵犯原告多项商业秘密的，赔偿数额应当分别计算。对于仅销售不知道是侵犯商业秘密商品，且能够证明该商品是自己合法取得并说明提供者的销售者或者销售商，实践中法院一般仅判令其承担停止销售的责任，不承担损害赔偿的责任。

二、侵犯商业秘密罪

目前，各国对于商业秘密的法律保护，主要通过民事和行政手段。然而在巨大利益的驱使下，侵犯商业秘密的行为呈现严重性和高发性的特点，使得民事和行政的救济手段已经不能及时有效地发挥制止侵犯商业秘密行为的作用。刑事手段作为最终的保护手段开始被越来越多地采用。刑罚的威慑作用对于预防侵犯商业秘密行为产生了不可替代的作用。[1]

《刑法》第219条规定了侵犯商业秘密罪，对于故意侵犯商业秘密并造成严重后果的行为予以刑事处罚：侵犯商业秘密行为给商业秘密的权利人造成重大损失的，处3年以下有期徒刑或者拘役，并处或者单处罚金；造成特别严重后果的，处3年以上7年以下有期徒刑，并处罚金。对于明知或者应知存在侵害商业秘密行为，仍然获取、使用或者披露他人的商业秘密的，以侵犯商业秘密论。本罪的构成要件如下。

（一）犯罪主体

本罪的犯罪主体为一般主体，即凡年满16周岁，非完全丧失辨认与控制能力的精神病人，均可构成本罪。

---

[1] 赵天红．商业秘密的刑事保护研究［D］．北京：中国政法大学，2006．

(二) 犯罪主观方面

侵犯商业秘密罪要求行为人在主观方面为故意，即行为人明知自己的行为侵犯了他人的商业秘密，会给权利人造成重大损失，并且希望或者放任这种结果发生。过失行为不构成本罪。

(三) 犯罪客体

侵犯商业秘密罪侵犯的客体是商业秘密权利人对商业秘密所拥有的合法权益以及受国家保护的正常有序的市场经济秩序。

(四) 犯罪客观方面

1. 犯罪对象

侵犯商业秘密罪的犯罪对象为商业秘密。刑法所保护的商业秘密与民事、行政法律界定的商业秘密相同，主要包括设计、程序、产品配方、制作工艺、管理诀窍、客户名单、货源情报、产销策略、招投标中的标底及标书内容等。

2. 客观行为

根据刑法规定，侵犯商业秘密罪的客观行为有以下几类：

(1) 以盗窃、利诱、胁迫或其他不正当手段❶获取商业

---

❶ 其他不正当手段包括但不限于以贿赂、欺诈、抢夺等方式取得他人的商业秘密；同时构成其他犯罪的，按照刑法有关规定处理。

秘密;

（2）披露、使用或者允许他人使用以不正当手段获取的权利人的商业秘密❶；

（3）合法知悉商业秘密的人❷，违反约定或违反权利人有关保守商业秘密的要求，披露、使用或者允许他人使用所掌握的商业秘密；

（4）明知或应知单位或个人（包括商业秘密权利人的员工、前员工）实施上述违法行为，获取、使用或者披露他人商业秘密。

3. 危害后果

侵犯商业秘密的行为只有在给权利人造成重大损失的情况下，才构成犯罪。窃取国家秘密的犯罪成立没有犯罪数额要求；侵犯商业秘密罪有犯罪数额或情节的要求。根据司法实践，具有下列情形之一的，可以作为犯罪立案追诉：

（1）给商业秘密权利人造成经济损失数额在50万元以上的；

（2）因侵犯商业秘密违法所得数额在50万元以上的；

（3）致使商业秘密权利人破产的；

（4）其他给商业秘密权利人造成重大损失的情形。

---

❶ 披露，是指将非法获得的商业秘密告知权利人的竞争对手或其他人，或者将商业秘密公布于众；使用，是指将自己非法获取的商业秘密用于生产经营；允许他人使用，是指允许他人将自己非法获得的商业秘密用于生产经营，包括有偿与无偿两种情形。

❷ 合法知悉商业秘密的人通常包括企业内部人员、企业内部调离人员以及与权利人订有保密协议的相关人员。

4. 共同犯罪

根据《最高人民法院、最高人民检察院关于办理侵犯知识产权刑事案件具体应用法律若干问题的解释》第15条的规定，侵犯商业秘密罪的主体不仅包括自然人，也包括单位；单位实施侵犯商业秘密罪行为的，按照相应个人犯罪的定罪量刑标准的3倍定罪量刑。如果明知他人犯实施侵犯知识产权罪的行为，而为其提供贷款、资金、账号、发票、证明、许可证件，或者提供生产、经营场所或者运输、储存、代理进出口等便利条件、帮助的，以侵犯知识产权罪的共犯论处。

特别说明的是，侵犯商业秘密案件往往会遇到民刑交叉的问题。权利人发现了侵犯其商业秘密的违法行为后，往往既采取向公安机关报案（行为人涉嫌构成侵犯商业秘密罪）的措施，同时又启动民事诉讼程序，起诉行为人侵犯商业秘密，主张其停止侵权并承担损害赔偿等民事责任。两种不同的救济程序往往同时进行，且针对的系同一违法行为。在此情况下，行为人往往会提出，希望等待刑事程序终结后再行审理民事案件。实践中，侵犯商业秘密的民事案件是否须等待刑事案件审结后再处理，还应视案件具体情况而定。此部分会在第三章第三节刑事司法案件部分具体展开。

第二章　企业商业秘密管理

商业秘密管理，是现代企业管理制度的一项极其重要的内容。科学化、系统化、制度化的商业秘密管理，不仅有利于企业整合利用、高效转化和充分保护已有的经营资源，更有利于企业对未来发展进行提前布局和对研发投入提供坚强后盾。近年来，企业商业秘密被泄露和窃取的事件屡见报端。部分企业保护商业秘密的意识仍然比较淡薄；部分企业虽然认识到保护商业秘密的重要性，但缺乏对商业秘密的有效管理，保护措施仍然比较落后。这些都很有可能造成企业有秘密无权利、有权利无保护的不利后果。企业商业秘密管理，是一项长期的系统工程。企业有必要根据自身技术信息、经营信息等商业秘密的特点，结合现行法律的规定，对与商业秘密有关的无形资产进行总体性、系统性的谋划和管理，提升企业商业秘密的创造、运用、保护和管理能力。

第一节　企业如何划定商业秘密的范围

在司法实践中，很多侵犯商业秘密案件的原告败诉的重要原因，就是原告无法明确被告侵犯商业秘密的具体内容。例如，企业员工离职后加入了竞争对手的公司或者自己成立与原企业具有竞争关系的公司，此后短时间内盈利巨大，原企业高度怀疑自己的商业秘密被侵害并起诉至法院。诉讼中，作为原告的原企业往往只能笼统地说明信息方向，却无法明确被告可能侵害的商业秘密的具体内容，导致其在诉讼中处于不利地位。究其原因，就在于企业没有对自身商业秘密进行系统归纳和管理。

一、如何进行信息归纳整理

首先，企业应当合理划定商业秘密的范围。商业秘密包括市场经营主体经过长期技术研发投入和市场商誉积累而形成的具有经济价值的各类信息。合理地划定商业秘密的范围，是加强企业商业秘密管理的前提。企业须将商业秘密作为重要的知识产权纳入企业资产管理系统中，需要立足于所处行业及自身实际情况，将散存于企业各个部门、业务流程和环节中，符合商业秘密法定构成要件的信息及信息载体进行系统识别、整理、划分，形成"商业秘密事项目录"。特别是科技创新型、技术研发型、竞争优势明显的企业，还应当结合行业发展特点，增强企业信息研发和生产要素甄别、管理的能力。例如，制造型企业的商业秘密包括但不限于公司产品规格、产品开发、制造程序工艺及方法等资料、文件、图表与信息，管理型企业的商业秘密包括但不限于公司的客户信息、货源资料、加盟资料、销售数据、财务数据等。以上提及的商业秘密内容应按不同密级分类管理、保存。

其次，针对已经整理的信息，需要对信息的可保护形式进行研判。企业要明确各类知识产权在保护范围、保护期限、保护内容上的区别，权衡利弊，确定有关信息是采取著作权、商标权、专利权等方式进行保护，还是采用商业秘密的保护形式进行保护，对企业无形资产进行合理布局。例如，对于一些原料、材料、工艺、方法及其步骤、结构等技术信息，存在既可以使用专利权保护，又可以通过商业秘密加以保护的选择。专利保护制度是"以公开换保护"，且专利权是有时间限制的；商业秘密的保护没有时间限制，但具有信息不为公众所知悉的要求。因此，专利权保护与商业秘密的保护路径存在一定冲突，企业应当在技术研发和日常管理中做好提前布局。而著作权保护与商业秘密具有一定兼容性，对于计算机程序、企业策划书等形式的信息，可同时采取著作权保护和商业秘密保护等多种措施。

最后，正确理解商业秘密的定义，合理认定商业秘密的范围。企业在归纳整理商业秘密时，应明确商业秘密的构成要件和基本形式、载体。满足秘密性、价值性和保密措施三个构成要件的技术信息、经营信息，可以表现为以下形式：技术信息主要包括技术诀窍、结构、组分、原料、材料、样式、产品配方、制作工艺、制作方法或其步骤、算法、数据、计算机程序及其有关文档等，经营信息主要包括客户信息、经营创意、营销策划、战略规划、管理方法、相关样本、产权交易、财务信息、投标标底、数据及其汇编等。企业应对于自己所有的上述信息明确知晓且分类管理。以下情况特别建议使用商业秘密方式予以保护："一是商业秘密不能被授予专利权时，二是商业秘密可能要被保密相当长的时间时，三是在商业秘密不被认为具有必须申请专利的价值时，四是在有假冒专利的证据难以确立时。"

在生产和经营中，某一信息泄露后会造成下列后果之一的，应列为商业秘密范围：（1）影响企业生产和发展的事项；（2）影响企业营销活动的事项；（3）影响企业技术开发的事项；（4）使企业在商业竞争中处于被动或不利地位的事项；（5）使企业经济利益受到损害的事项；（6）影响企业对外交流和商业谈判顺利进行的事项；（7）影响企业的稳定和安全的事项；（8）影响企业对外承担保密义务的事项。

不符合秘密性、价值性和保密措施三个构成要件之一的商业信息，不属于商业秘密。以客户信息为例，权利人往往需要证明相关客户信息属于区别于相关公知信息的特殊客户信息，包括汇集众多客户的客户名册，以及保持长期稳定交易关系的特定客户名单。如果企业仅仅提交其与某个或者某几个客户的合同及发票,并不足以证明其与上述公司具有相对稳定长期的交易关系,也不能说明其开发维护这些客户的途径或代价。这样的个别客户名称难以被认定为商业秘密。❶

二、如何合理划分保密等级

部分企业的经营信息和技术信息中,可能存在涉及国家安全和利益的事项,泄露后可能损害国家在政治、经济、国防、外交等领域的安全和利益的信息属于国家秘密,应当按照《中华人民共和国保守国家秘密法》(简称《保守国家秘密法》)等法律法规的规定进行保护。国家秘密由保密部门规定,是否构成国家秘密需要经过鉴定。国家秘密分为绝密、机密和秘密,鉴定时需要区别密级。持有国家秘密技术项目的单位,包括国家秘密的产生单位、使用单位和经批准的知悉单位,均有严格的保密管理规范。由于关系国家安全和利益,国家秘密在技术出口保密审查、海关监管、失泄密案件查处中均有严格规定。

除了国家秘密以外,对于关乎企业竞争力的技术信息、经营信息等商业秘密,企业应重视管理与保护。企业可自行对商业秘密确定不同的密级、保密期限和知悉人员范围。商业秘密及其密级、保密期限和知悉人员范围,一般由产

---

❶ 类似案件可参见浙江省杭州市滨江区人民法院(2019)浙 0108 民初 4938 号。

生该秘密的业务部门拟订，经主管领导审批，并由负责企业保密整体工作的部门如办公室、法务部等进行备案，所有能接触秘密的人员均有保密义务。

（一）商业秘密的密级

企业在确定商业秘密的范围时，可以根据重要程度，即泄露会使企业的生存发展和经济利益遭受损害的程度，对商业秘密设定密级。密级划分的基本原则是：保护充分、易于实施、降低成本。一般来说，考虑到方便管理等因素，商业秘密的密级可分为"核心商业秘密""普通商业秘密"两级。部分企业采用这种划分方式。部分企业参考《保守国家秘密法》中国家秘密的分级方式，将商业秘密分为绝密、机密和秘密三级。

（二）商业秘密的保密期限及标注

企业可以根据商业秘密的生命周期长短、技术成熟程度、潜在价值大小、市场需求等具体因素，自行设定商业秘密的保密期限。有确定的保密期限的，则以年、月、日计算；不可以预见保密期限的，可以定为"长期"或者"公布前"。企业应当慎重设定保密期限。因为对于保密期限届满或者实际已公开的商业信息，会自行解密，这些信息一旦被他人不正当使用，通常因缺乏秘密性而无法作为商业秘密予以保护。

企业商业秘密的密级和保密期限一经确定，应当在秘密载体上作出明显标志。标志一般由权属（单位规范简称或者标识等)、密级、保密期限三部分组成。商业秘密的密级，可以统一标注为"核心商密""普通商密"，或者"绝密商密""机密商密""秘密商密"。标注这些信息一方面能够便于识别，以此告知保密义务人以及接触或者知悉相关信息的主体，应注意履行相应的保密义务，不得泄露及不正当使用该商业秘密；另一方面也可以起到警示作用，警告他人未经许可获取、泄露、使用这些信息的行为将被追究相应的法律责任。

商业秘密的密级、保密期限变更后，应当在原标注位置的附近作出新标志，原标志以明显方式废除。企业需要变更密级、保密期限、知悉人员范围或者在保密期限内解密的，一般仍需要拟订解密意见，并履行审批、备案等程序。

第二节　企业如何建立反泄密机制

商业秘密往往是企业形成和保持竞争优势的重要手段。商业秘密一旦泄露，将对于企业的生存发展和经济利益造成难以弥补的损害。在商业秘密保护中，企业应当建立健全内外部反泄密制度，不断完善企业商业秘密安全管理体系。

一、反泄密机制的基本方针和主要模式

反泄密机制，是指企业根据划分好的商业秘密的范

围、密级和保密期限,确定商业秘密的知悉人员范围和权限,制定关于商业秘密保密的制度安排、人事管理、审批和监管流程,并确保在侵害商业秘密行为发生时或者发生后,能够及时获知侵权行为并采取相关措施挽回或者减少损失。

企业建立反泄密管理制度时,要遵循预防为主、突出重点、便利工作、保障安全的方针,做好合法性和有效性的结合。合法性是指应当按照有关法律法规的规定,参考相关的部门规章和司法解释及司法案例;有效性是指做好反泄密机制的效果评估,反复查找问题,深入研讨措施,确保相关制度的有效性。

商业秘密管理主要有两种模式:一种是日常管理模式,另一种是项目管理模式。日常管理模式,是指企业明确负责商业秘密管理和保护的部门,对企业的业务流程、岗位职责等进行深入调查,对各类商业秘密产生的形态和价值、保密要求进行细致的分析。该工作前期工作量大,涉及部门多,需要企业最高管理层统筹协调安排,从部门抽调专人完成,对于形成的商业秘密目录,纳入企业日常管理之中。项目管理模式,是指企业对商业秘密的管理基于具体项目进行的管理,如对项目研发、样品制造、招投标活动、市场推广、商业谈判等涉及商业秘密的流程制定并落实保密制度,对于加入项目的成员就商业秘密保护进行特别培训和管理,对离开项目的成员亦采取一定的措施防止泄密。

二、反泄密机制的具体措施

（一）法律措施

法律措施是指企业用于保护商业秘密的规章制度、相关保密合同及单方承诺等。

1. 商业秘密管理的制度

"所谓商业秘密管理规章制度，是指企业关于商业秘密管理的基本规定，包括对商业秘密进行管理的目的、商业秘密的定义及范围、对资料之使用、管理人的责任、商业秘密保密义务的确立和违反义务的责任等。"[1] 企业应该通过公司章程、专门的规章制度、员工手册等方式，对股东、员工的保密义务和保密事项作出规定。建立健全商业秘密管理的制度，是企业对商业秘密采取了合理保密措施的具体表现，同时可以通过制度化的规定，对股东、员工的履职保密建立相应的行为准则。

具体来说，企业可以根据行业及自身实际情况，有序制定如下主要商业秘密管理制度：商业秘密事项产生、认定管理办法，商业秘密密级确定及保密期限管理办法，商业秘密资料使用和销毁管理办法，员工保守商业秘密管理办法，企业商业秘密等知识产权培训制度，商业秘密管理

---

[1] 秦洁. 商业秘密的管理 [M] //张耕. 商业秘密法律保护研究. 重庆：重庆出版社，2002：243.

奖惩办法，对外接待保密管理办法，技术合同管理制度，商业秘密要害部门保密工作管理办法，商业秘密风险监管制度，会议保密规定，传真机、计算机和通信设备使用管理规定等。

2. 相关保密合同

订立书面协议是实践中企业最常见的保密措施。在司法实践中，大量法院判决均认定，与接触商业秘密的人员订立保密协议或者在相关合同中约定保密义务，可以认定采取了相应的保密措施。

（1）劳动合同、劳务合同。根据《中华人民共和国劳动合同法》（简称《劳动合同法》）第23条的规定，用人单位与劳动者可以在劳动合同中约定保守用人单位的商业秘密和与知识产权相关的保密事项。员工如果在工作中了解商业秘密的内容，并且明知应当予以保密的，那么这种保密义务不以企业支付对价为条件。换言之，员工对企业秘密的保守来源于诚实信用的原则，员工保守在工作中接触到的商业秘密，无须企业单独支付费用。这一点与竞业限制的约定需要支付保密费用是不同的。

值得注意的是，员工的这种保密义务具有两个前提：一是员工了解商业秘密的内容，二是员工对保密义务系明知。这也要求企业就涉及商业秘密的内容对员工进行告知。

（2）竞业限制协议。竞业限制协议，又称竞业禁止协议，一般是指负有保密义务的劳动者离职后，其前用人单位可以与该劳动者签订合同，约定双方在解除或者终止劳动合同后，该劳动者不得从事与前用人单位存在竞争关系的工作。《劳动合同法》第 24 条规定："竞业限制的人员限于用人单位的高级管理人员、高级技术人员和其他负有保密义务的人员。竞业限制的范围、地域、期限由用人单位与劳动者约定，竞业限制的约定不得违反法律、法规的规定。"

竞业限制协议约定的期限不得超过 2 年，且前用人单位需要在竞业限制期限内按月给予劳动者经济补偿。劳动者违反竞业限制约定的，应当按照约定向用人单位支付违约金。

（3）专项保密协议。企业应尽量向员工、股东、合作对象、客户、访客等提出明确的保密要求，签订专项保密协议。保密协议一般需要约定保密内容、范围，保密期限，双方的权利义务，违约责任等情况。

（4）共同开发合同、委托开发合同等与外部人员签订的合同。企业在经济往来、研究与开发、技术转让、合资与合作等经济活动中，要十分注意商业秘密的保护。尽管《民法典》第 501 条规定："当事人在订立合同过程中知悉的商业秘密或者其他应当保密的信息，无论合同是否成立，不得泄露或者不正当地使用；泄露、不正当地使用该商业秘密或者信息，造成对方损失的，应当承担赔偿责任。"但实践中，当企业需要和第三方合作、委托第三方研发，或者向第三方披露可能构成商业秘密的信息时，应当尽量与对方磋商或者签订合同，以书面形式约定商业秘密的保密条款，明确商业秘密的内容、范围、权利归属、利益分配方案、合同期限外的保密义务、争议解决途径、违约金及损害赔偿等事项。

3. 单方承诺

对于企业的供应商、客户、合作伙伴、来访参观人员等外部人员，企业应当提出明确的保密要求，最好要求对方签订单方保密承诺书。对于企业重要项目，如招投标项目、技术研发项目、重要的经营策划项目等，也应要求参与成员签订专门的单方保密承诺书。

（二）组织措施

1. 设置机构、明确职责

企业应当建立知识产权管理部门开展知识产权业务，或根据企业实际确定企业研发、技术、生产经营等相关业务主管部门开展知识产权业务，或根据需要委托专业机构代管。企业还应当设立或指定专门机构并配备专职或兼职人员，如企业法律事务机构或企业法律顾问等，专门负责商业秘密的管理工作，并密切关注企业商业秘密保护工作的动态信息，定期进行商业秘密保护合规审查和监督。

分管商业秘密的负责人职责一般包括：（1）负责制定企业商业秘密的发展规划；（2）负责策划建立企业商业秘密管理体系，并推进实施；（3）负责企业商业秘密各项工作的审查、监督；（4）负责企业重大商业秘密事务的处理；（5）负责协调企业内外有关商业秘密的工作；（6）及时向最高管理者报告有关商业秘密的工作信息。

2. 积极开展教育培训

企业需要加强对员工的信息安全培训，增强员工的保密意识，避免保密信息泄露事故的发生。商业秘密培训可以分为以下三种：（1）入职教育，即企业对新入职员工提供的有关商业秘密的入职教育；（2）专项培训，指企业针对不同部门及岗位，或者是特别成立的项目组成员所进行的关于商业秘密保护的专项培训，确保研发、营销、策划、财务等相关人员具备保守商业秘密的业务知识，了解其工作与实现企业知识产权战略目标的关系；（3）专员培训，指企业针对从事商业秘密管理、监督的专项人员、管理层展开的特别培训，使其了解关于商业秘密的相关法律法规，商业秘密受到不法侵害后的救济方式、诉讼仲裁的流程，企业商业秘密风险规避等专门知识。

3. 设立奖惩制度

为了防止企业商业秘密管理因落实不到位而形同虚设，有必要对企业商业秘密管理工作进行常态化的监督、检查，并将商业秘密管理工作纳入企业内部考核，以保证各项管理制度在企业员工中得到认真执行。[1] 企业可以对先进个人或者集体予以表彰和奖励。对于具有违反保密规定，丢失商业秘密文件、实物，泄露商业秘密等行为的个人和集体，可以根据情节和后果给予处罚、减少奖金或者免除职责，严重时可以辞退、开除，甚至向相关部门举报、追究法律责任等，以此鞭策和鼓励员工保守企业商业秘密。

4. 离职面谈

对于即将离职的员工，除了应办理交接手续，彻底盘

---

[1] 李新锋. 中小企业商业秘密管理体系的构建及运行研究［D］. 重庆：重庆理工大学，2017.

点该员工所领借的各种文件物品外，还需要再次提醒该员工曾经签订的保密合约及工作规则，告知该员工离职后仍负有的保密义务，并设法了解该员工离职的原因以及去向。这样，一方面，可供公司改进不当的措施，更可防止员工有其他报复行为；另一方面，公司也能掌握旧员工的动态，以便时时关注其有无泄密违约的行为。若能主动联系上其新雇主，公司应告知其新进员工与原公司的权利义务关系，这样也可收到防止商业秘密外泄的效果。

（三）物质措施

物质措施是指企业通过必要的商业秘密物理隔离、分类等管理方法，限制他人对商业秘密的接触。其主要措施如下：

（1）限定涉密人员的范围，通过标记、分类、评估、隔离、封存、限制接触或使用等方式，对商业秘密进行区分和管理：

第一，对于商业秘密载体，如在信封封皮、文档首页、文件用户名、存储设备等相关位置上属于商业秘密的标志或信息，可以加注保密等级，也可以根据需要设定隐藏式特殊记号。

第二，如果有必要，应当将纸质文档等相关材料保管于档案室、办公室等特定场所，或者将相关电子文档放置于特定位置，不同的商业秘密可以由专人分别负责，非相关人员不得查阅、接触。

第三，应当通过保密规范等明确商业秘密使用人员的范围，并根据具体保密措施的规定，要求使用人严格履行保密义务。使用商业秘密的人员应当妥善保管好自己的用户名和密码，不得外泄或许可其他人使用。

第四，对于研发、策划等特定项目和部门，可以成立专门的保密小组。

（2）对存储或者访问、获取商业秘密的计算机设备、电子设备、网络设备、移动终端、软件等采取加密、设置权限、限制存储或复制等措施。例如，企业可以对研发人员的工作电脑设定动态密码；对于财务人员、研发人员或者参与招标投标等特定项目的人员，不得使用未加密的移动存储介质传输资料等。

（3）对存有保密信息的厂房、车间、办公室等场所限制来访者或者对他们提出保密要求，必要时使用全天候电视或电眼监控系统。

（4）对离职人员要求返还、删除、销毁涉及商业秘密的设备或文件资料，并对该员工的电脑进行清查；满足技术条件时，企业还可以通过专门软件组织涉密文件在非控制范围内的使用等。

（5）对于特殊涉密人员可提供专门的工作用电子设备，以便及时发现侵犯商业秘密行为和收集关键证据。在多起侵犯商业秘密纠纷中，权利人通过及时获得侵权人手机的方式掌握了其侵犯公司商业秘密的关键证据。例如，为防止客户名单的外泄，宇通客车公司与所有员工签订了《保密协议书》，并为部分员工配备了工作手机。作为专家客服的员工苏某，利用岗位权限，通过微信拍照发送消息等方式向公司竞争对手发送大量客户名单。宇通客车公司发现苏某使用配发手机进行违规行为后，公司纪检部及时在保安看管下拿走苏某的手机并予以查看，最终该手机成为认定苏某侵权事实及损害赔偿的关键证据。❶

第三节　企业与员工签订保密协议的有关问题

企业与员工签订保密协议，是企业重要的保密措施，也是企业商业秘密管理的必要手段。尽管在司法实务中，一般认定企业可以依据"诚实信用原则"以及"员工忠实义务"等法理，要求员工基于对企业善意和忠诚义务，保守企业的商业秘密。但在具体案件中，内容、责任明确的保密协议，是企业预防商业秘密泄露和用以证明其采取了必要保密措施的有力证据。

一、保密协议的主要内容

"商业秘密保护与劳动关系的和谐稳定，以及两者的平衡与协调，都已逐渐成为商业秘密理论和实务研究中的重要议题。"❷ 法律实务中，企业与员工可以通过劳动合同或者专门的保密协议，确定员工在职期间以及离职之后保守

---

❶ 参见河南省高级人民法院（2017）豫民终714号民事判决书。
❷ 邓恒.论商业秘密保护中的竞业限制［D］.重庆：西南政法大学，2016.

企业商业秘密的义务。《中华人民共和国劳动法》（简称《劳动法》）、《劳动合同法》均对签订保密协议作出规定。保密协议具有两种形式：一种是企业与员工在劳动合同中设立保密条款，将劳动合同、保密协议合二为一；另一种是企业与员工就其在职期间的一般工作或者参与特定项目等工作签订专门的保密协议。

（一）保密人员的分类及涉密内容的约定

企业在起草、签订保密协议之前，应当对保密协议的签订主体进行梳理与分类。一般来说，主要包括以下四类人员：第一类是公司的董事、经理、合伙人、股东等高级管理人员，第二类是公司从事生产、研发、策划、财务等重要岗位，创造或者接触企业商业秘密的人员，第三类是企业从事法务、办公室等登记和管理商业秘密的人员，第四类是企业其他可能接触到商业秘密的人员。对于上述四类人员，企业应当根据其可能接触、创造商业秘密的内容，设置不同的合同内容。

保密协议需要尽量明确和清晰地描述保密信息的内容、方式、范围和保密期限。企业在起草保密协议时，针对上述四类主体所涉及商业秘密的不同特点，对于商业秘密的内容和范围应尽可能予以明确；如果企业对于员工保守商业秘密的方式有特别要求的，也可以在保密协议中予以约定。如果是有关经营信息的，可以约定企业本身及其母公司、关联公司的业务、客户等有关的目前及预期中的商业秘密、客户清单、通信地址清单等使企业具有竞争优势的保密资料。如果是有关技术信息的，可以明确具体的项目名称、技术方案、物料清单以及相关电子信息等。

企业还应当在保密协议中对员工所接触的商业秘密进行兜底性的规定，例如"以上保密信息无论以何种形式或载于何种载体，无论在披露时是否以口头、图像或以书面方式表明其具有保密性，均属于本协议规定的保密信息"。上述内容的规定一方面使员工更加明确知道自己工作中接触的哪些商业信息属于企业的商业秘密，另一方面也是对相关员工的一种警示，提醒其在工作中行为处事更加审慎，预防其对企业商业秘密的故意泄露或者不慎披露。这也是企业在未来可能面临的维权中的重要证据，可以用以证明企业对相关商业秘密采取了必要的保密措施。

商业秘密的保密期限一般约定自双方签订协议之日开始。对于企业尚且不能明确商业秘密解密时间的，不应写明保密期限的截止日期。

（二）当事人的权利与义务

保密协议的一项重要内容就是当事人的权利与义务。企业可以根据相关秘密信息的内容、形式、载体等，明确员工不得从事的行为及应当履行的义务，例如规定"乙方（员工）应对所接触的财务数据予以保密，在未得到甲方（用人单位）事先许可的情况下不披露给任何其他机构或人员；未经甲方同意，乙方不得拷贝服务器上的数据信息，不得将数据对外提供或发布，不得私自在互联网上传输、登载；未经甲方同意，乙方只能进入被授权的区域，电脑和数据库等必须输入密码进入,员工之间不得相互交流不同客户的项目信息"。又如员工不得利用所掌握的商业秘密谋取私利,不得将工作中知悉、获取的商业秘密据为己有,不得私自留存。在工作期间,非经公司事先书面同意,员工不得自营或者为他人经营公司同类的业务,或从事其他损害公司利益的活动;也不得在任何其他公司、企业或组织担任任何职务,包括股东、合伙人、董事、监事、经理、职员、代理人、顾问等。一旦发生泄密事件,员工应立即采取补救措施,同时报告本级主管;情节严重的,还应及时报上级部门和办公室等。

企业还可以约定其监管检查的权利和员工接受保密知识培训的义务。例如,"甲方有权定期对乙方数据保密工作进行检查""甲方应明确数据管理等相关要求,适时开展数据管理和保密方面知识培训"等。

(三)违约责任

保密协议应该规定当事人的违约责任。参考侵权责任的主要责任形式,企业可以在保密协议中与员工约定如下责任:

(1)员工应采取措施补救、排除危险;

(2)员工应及时返还、销毁信息备份;

(3)员工应赔偿因违反保密协议给企业所造成的经济损失;

(4)员工应返还因违约使用商业秘密的获利等。

二、保密协议的注意事项

（一）保密内容不可过于笼统

企业保密协议签订的目的在于使员工明确得知其工作中接触和掌握的哪些技术信息、经营信息等属于企业的商业秘密，而员工需要对此承担保密的义务。如果保密的内容过于笼统，缺乏具体的信息内容和事项等，则作为合同相对方的员工对商业秘密的识别程度和注意程度都非常有限，无法达到签订保密协议的目的，在后续诉讼中该保密协议可能被认定为内容不明确而企业也无法被认定为对商业秘密采取了保密措施。

例如，在上海富日实业有限公司（简称"富日公司"）与上海萨菲亚纺织品有限公司、黄某侵害商业秘密纠纷再审案[1]中，法院认为："富日公司提供的劳动合同没有明确富日公司作为商业秘密保护的信息的范围，也没有明确黄某应当承担的保密义务，而仅限制黄某在一定时间内与富日公司的原有客户进行业务联系，不构成反不正当竞争法规定的保密措施。"

（二）违反保密协议不宜约定由员工承担违约金

《劳动合同法》出于对劳动者权利的保护，对用人单

---

[1] 参见最高人民法院（2011）民申字第122号民事裁定书。

位与劳动者约定由劳动者承担违约金的情形作出了限制，仅在两种情形下用人单位可以约定由劳动者承担违约金：（1）用人单位因出资培训而与劳动者签订服务期条款的情形；（2）用人单位与劳动者约定竞业限制条款的情形。之所以允许劳动合同就劳动者服务期及竞业限制事项约定违约金，主要是因为立法出于平衡用人单位与劳动者谈判能力、合同权利等的差异。当然，负有竞业限制义务的劳动者，一般是掌握商业秘密的劳动者，法律规定用人单位可以约定违约金的情形是此类劳动者违反竞业限制的约定。因此，保密协议中，企业不宜直接约定员工违反保密义务而应承担的违约金，但可以约定员工因违约造成企业损失的损害赔偿责任。

(三) 保密协议属于保密措施

在后续认定侵害商业秘密行为的法律责任时，企业与员工签订保密协议，可以作为企业为保守商业秘密而采取的保密措施。如上海杠邦网络设备科技有限公司、连某、上海远东通讯设备有限公司（简称"远东公司"）侵害商业秘密纠纷案[1]中，法院认定远东公司通过与连某之间签订《兼职工作协议书》《保密协议书》，对涉案客户名单采取了保密措施。又如在上海美墅化学品有限公司（简称"美墅公司"）、上海豪申化学试剂有限公司（简称"豪申公司"）

---

[1] 参见上海知识产权法院于 2019 年 11 月 28 日作出的（2019）沪 73 民终 3 号民事判决书。

诉朱某、上海黎景贸易有限公司侵害经营秘密纠纷案❶中，法院认定："豪申公司在与朱某签订的劳动合同中明确约定有关涉及商业秘密和知识产权的保密事项。美墅公司、豪申公司又与朱某签订《保密协议》，对于朱某应承担保密义务的商业秘密范围包含有销、存、财务软件数据库信息，以及相关保密期限至商业秘密公开时止，无论朱某是否在职，不影响保密义务的承担等作了明确的约定。美墅公司、豪申公司为此亦向朱某支付了保密义务的对价，由此表明美墅公司、豪申公司不仅有保密的意愿，而且也为经营信息采取了多种合理的保密措施。"

第四节　企业与员工签订竞业限制协议的有关问题

竞业限制又称为竞业禁止，是指法律或者合同约定的对特定的人员从事竞争业务的禁止或者限制情形。企业与员工签订的竞业限制协议，作为商业秘密的一种事前预防性保护措施，日益受到企业和学界的关注。

一、竞业限制的分类

"竞业禁止协议的限制，主要在于维护员工平等就业的

---

❶ 参见上海市杨浦区人民法院（2019）沪 0110 民初 1662 号民事判决书。

权利以及为雇主提供商业秘密的保护，以求得两者的平衡。概括来说，竞业禁止协议可以包括限制对象（即所担任的职务或职位），竞业禁止所应当保护的信息对象，限制的期限、区域范围及营业活动范围。"[1] 为保护企业商业秘密，防止企业的董事、高级管理人员、员工等在任职期间及离职后利用之前职务便利非法使用商业秘密谋取商业机会，《中华人民共和国公司法》（简称《公司法》）及《劳动合同法》等对企业与员工的竞业限制作出了规定。

竞业限制可以分为法定的竞业限制和约定的竞业限制。根据《公司法》第148条规定，"董事、高级管理人员不得有下列行为：……（五）未经股东会或者股东大会同意，利用职务便利为自己或者他人谋取属于公司的商业机会，自营或者为他人经营与所任职公司同类的业务"。该义务即属于法定的竞业限制，且源于个人的特殊身份。约定的竞业限制一般指企业和员工通过专门协议约定竞业限制。企业可以与负有保密义务的员工约定竞业限制。

约定的竞业限制又可以分为在职竞业限制、离职竞业限制。实践中后者更为常见。《劳动合同法》第23条中规定，"对负有保密义务的劳动者，用人单位可以在劳动合同或者保密协议中与劳动者约定竞业限制条款，并约定在解除或者终止劳动合同后，在竞业限制期限内按月给予劳动者经济补偿。"

---

[1] 叶静漪，任学敏. 我国竞业限制制度的构建 [J]. 法学杂志，2006 (4)：76-80.

一方面，企业可以在劳动合同中约定员工不得在任职期间，利用职务便利为自己或者他人谋取属于公司的商业机会。例如，企业可以与员工约定，员工应当遵守法律法规和公司规章制度，在合同期内不得与其他单位建立劳动关系，不得以任何形式从事与企业相同或类似或有竞争的业务，在合同期间不得直接或间接帮助其他竞争对手与企业的供应商、客户等达成业务，亦不得直接或间接企图截流上述业务机会等。

另一方面，在一些非常依赖员工知识、经验和技能的法律、手工定制、特定服务等行业，客户往往基于对特定员工个人的信赖而与员工所在单位进行市场交易。该员工离职后，客户当然有权利选择与员工原所在单位还是其新单位进行市场交易，除非该员工与原所在单位进行了竞业限制的约定。因此，企业也可以与离职员工签订合同，约定其在解除劳动合同的一定期间内，不得从事与原所在企业相同或类似或有竞争的业务，发展与原所在企业业务相关的供应商、客户等。

二、竞业限制的主要内容

（一）竞业限制协议的对象、范围与期限

企业要求员工签订竞业禁止协议或者条款的主要目的在于：一是避免其他经营者恶意"挖墙脚"或者员工恶意跳槽；二是避免企业的优势技术或者经营信息被披露和非

法使用；三是避免员工利用在职期间所知悉的技术或者经营秘密自行营业，损害或者削弱原企业的市场竞争优势地位。❶ 因此，竞业限制并不适用于所有的劳动者，根据《劳动合同法》等规定，一般只适用于用人单位的高级管理人员、高级技术人员和其他负有保密义务的人员。考虑到劳动者基本的劳动权和自由择业权，相关法律及司法解释还规定了用人单位应当按月在竞业限制义务期限内向劳动者给予经济补偿，企业不应也并无必要跟与商业秘密无关的岗位人员签订竞业限制协议。

《劳动合同法》明确规定企业与员工约定的竞业限制协议需要明确竞业限制的范围、地域、期限。实践中，竞业限制协议可以包含更多内容，如对员工行为的要求、补偿金计算与支付、违约责任等。竞业限制的范围和地域可以参考用人单位的业务覆盖范围、业务发展方向和所在行政区域，包括离职员工从事职业的行业、领域、岗位、地区等，如"前款所述与甲方（用人单位）有竞争关系的企业包括但不限于与甲方经营范围相同或相近的企业"。用人单位在竞业限制协议中，不得免除自己的法定责任，排除劳动者权利。竞业限制的期限不得超过 2 年。如果企业和员工约定竞业限制的期限超过 2 年，则超过部分的约定无效。

（二）竞业限制协议的违约条款

竞业限制协议中可以约定员工承担损害赔偿责任，也

---

❶ 邓恒. 论商业秘密保护中的竞业禁止［D］. 重庆：西南政法大学，2016.

可以直接约定违约金。如果员工违反了竞业限制协议，例如入职了与原企业存在竞争关系的企业或者从事开办经营同类业务的公司等违约行为，那么企业可以依据竞业限制协议中的违约条款，要求员工承担违约责任，给企业造成损害的，可以同时要求员工承担损害赔偿责任。员工违反竞业限制约定，向企业履行损害赔偿责任或者支付违约金后，企业仍然可以要求员工按照约定，继续履行竞业限制的义务。

从民事诉讼的请求权角度而言，违约金有别于损害赔偿。第一，企业主张违约金不以员工的违约行为对其造成实际损害为前提。只要员工存在违反竞业限制约定，即可以适用违约金条款。如果竞业限制协议中未规定违约金条款，那么即使员工存在违约行为，企业也不得向员工主张支付违约金，仅能够依据其实际损失主张员工承担损害赔偿责任。第二，如果企业因员工违约遭受的损失与违约金是同一性质的，一般不得同时主张，除非企业能够证明员工对其造成的损害超过违约金，那么企业可以就超出违约金的部分，继续向员工主张损害赔偿。

违约金条款虽然是企业与员工自由约定的合同内容，但是考虑到在实际生活中，企业相较于员工，实际上是处于优势谈判地位的，因此，对于双方约定的违约金过高，与员工所得的竞业限制补偿金的数额相差过于悬殊时，当事人可以向法院申请酌减违约金。在司法实践中，法院一般会综合考虑企业向员工支付的竞业限制补偿金的数额、员工在企业工作的时间、员工的违约行为造成企业损失程度以及所在地区经济水平等因素，对于当事人关于酌情减少违约金的申请予以综合考虑。

(三) 竞业限制协议的补偿金条款

企业与员工签订合法有效的竞业限制协议后，应当本着公平合理的原则，在竞业限制期限内按月给予员工经济补偿。但是在实践中，基于各种原因，有可能存在竞业限制中未约定经济补偿金的情况。在这种情况下，是否影响该竞业限制协议的法律效力？答案是否定的。当事人在劳动合同或者保密协议中约定了竞业限制，但未约定解除或者终止劳动合同后给予员工经济补偿的，不影响该竞业限制条款的法律效力，员工仍应当按照协议的约定予以履行相应的竞业限制义务。未约定竞业限制补偿金的内容及具体条款，不能成为员工违反合同约定，主张竞业限制条款或者竞业限制协议无效的当然理由。

那么，竞业限制中未约定经济补偿金，员工是否有权向企业主张相应补偿？答案是有。根据公平原则，如果员工履行了竞业限制义务，其有权向企业主张相应补偿。对于竞业限制协议中约定了经济补偿金标准的，按照双方约定履行。竞业限制协议中仅约定了经济补偿金的大致内容，但未约定具体标准或者数额的，企业和员工可以通过协商一致的方式达成补充协议。如果双方无法通过协商一致方式约定补偿金的，根据《最高人民法院关于审理劳动争议案件适用法律若干问题的解释（四）》第6条规定，用人单位应当按照劳动者在劳动合同解除或者终止前12个月平均工资的30%或者劳动合同履行地最低工资标准，按月向劳动者支付经济补偿。如果劳动者月平均工资的30%低于劳动履行地最低工资标准，可以按照劳动履行地最低工资标准支付。

（四）竞业限制协议的解除

竞业限制的期限届满后，协议内容对双方当事人均不再具有约束力。此外，如果双方约定的竞业限制期限超过2年，那么超过2年的部分视为无效，2年期满后双方当事人均无须再履行该协议。

根据合同自由的原则，在竞业限制期间，企业和员工均可以提出解除竞业限制协议。双方协商一致即可解除竞业限制协议。按照诚信公平的基本原则，不能使违约者获利，竞业限制的核心即在于鼓励双方当事人诚信履约。如果企业或者员工违反竞业限制的义务在先，那么违约的一方无权以自己违反协议约定为由主张解除竞业限制协议。只有诚信履行的一方有权行使合同解除权，主张解除竞业限制协议。

如果是企业自身原因导致其3个月未向员工支付补偿金，那么员工也可以以此为由，主张解除该竞业限制协议。如果企业在竞业限制期间，提出解除竞业限制协议的，员工可以要求企业额外支付3个月的竞业限制补偿金。但是如果企业在与员工解除劳动合同或者员工离职时，已经书面或者口头告知员工无须履行竞业限制义务，那么企业不需要再向员工支付竞业限制补偿金，也不需要在主张解除竞业限制协议时,额外向员工支付3个月的竞业限制补偿金。

　　企业与员工之间的竞业限制协议,不受双方劳动关系解除行为合法性的影响。在实践中,如果企业违法解除劳动关系并与员工签订竞业限制协议,那么将导致两种法律后果:一是企业被认定为违法解除双方的劳动关系,如果员工选择继续履行劳动合同,那么竞业限制协议可能尚不具备履行的条件,此时员工是无法根据竞业限制协议要求用人单位支付经济补偿金的;二是企业被认定为违法解除双方的劳动关系,员工要求用人单位支付违法解除劳动关系的赔偿金,双方劳动关系予以解除的,此时竞业限制协议已经具备履行的条件,员工和企业均应当按照竞业限制协议的约定予以履行,员工须履行竞业限制的约定,企业需要按约定向员工支付经济补偿金。

三、竞业限制协议的纠纷解决

　　在纠纷解决程序方面,竞业限制的约定在协议内容、形式上,一般属于劳动合同的具体条款或者附属协议。根据最高人民法院发布的《民事案件案由规定》,竞业限制纠纷应当纳入劳动争议的范畴。依据《劳动法》及其司法解释,劳动争议仲裁是向法院提起诉讼的前置程序,因此,竞业限制纠纷应当适用劳动争议仲裁前置的程序。侵犯商业秘密纠纷案件,无须经过上述劳动争议仲裁程序,当事人可以直接向法院提起诉讼。

　　侵犯商业秘密与违反竞业限制义务纠纷解决方式不完

全相同。如果离职员工违反竞业限制的约定，到原企业的竞争对手处就业，并不必然构成商业秘密侵权。只有在离职员工泄露或不正当使用商业秘密时，才可能构成侵犯商业秘密。实践中也可能存在离职员工既违反竞业限制约定，又从事侵犯商业秘密的行为。此时在法律关系上属于违约与侵权的竞合，企业须择一起诉，不得同时主张。

需要注意的是，根据合同相对性原则，企业与员工之间签订竞业限制协议，仅在订立竞业限制协议的双方之间产生法律约束力，只有与员工签订合同的企业才能主张权利。在实践中，对于存在集团企业的情况，其往往存在较多关联企业。如果离职员工与关联企业签订了竞业限制协议，那么只有该关联企业有权主张权利，其他企业无权主张。

第五节　企业商业秘密管理中的突出问题

一、互联网环境下的企业商业秘密保护

互联网环境下，商业秘密被复制、窃取、泄露的难度和风险都显著提高，各行各业均面临商业秘密被侵害的风险。例如，电影《悟空传》上映前，被他人盗取存储在网络中的加密片源，导致该电影在上映前在网络上被泄露，

给出品方造成了巨大经济损失。❶ 生产辣椒酱的老干妈公司偶然发现另一家企业的辣椒酱与其产品的相似度非常高。老干妈公司的辣椒酱生产工艺属于其核心商业秘密,从未授权或者转让给他人。此事立刻引起了老干妈公司的警觉。经过慎重研究,老干妈公司向公安机关报案。经过侦查,公安机关在犯罪嫌疑人随身携带的移动硬盘及电子文档中,发现大量涉及产品工艺的商业秘密资料。

通过上述两则案例可知,在互联网迅猛发展的背景下,企业面临对商业秘密更专业化、规范化的管理要求。一方面,商业秘密的形式和载体存在变化,由过去图纸、工艺流程等形式载于各实物载体中,演变为电子数据、计算机编码等形式载于各类被加密的多媒体软硬件中。另一方面,侵权人或者犯罪嫌疑人可以通过电子侵入的方式进入权利人计算机信息系统等保密载体中窃取商业秘密。因此,在互联网环境下,企业应当采取各种有效措施切实加强保护和管理。

首先,企业对存有保密信息的计算机或数据库建立有效的存储、访问、使用管理等保护措施,建立严格的身份认证和访问授权体系,采用完善的系统备份和故障恢复手段,定期进行安全补丁和病毒库的升级,以避免信息被他人不当访问或获取。例如,在河南一起商业秘密刑事犯罪案件中,几个犯罪嫌疑人在市场上低价收购了国外版苹果手机,利用技术手段连接苹果公司网络,侵入到苹果公司

---

❶ 参见北京市朝阳区人民法院(2017)京 0105 民初 68514 号民事判决书。

计算机信息系统对苹果手机进行"改机"和"解锁"。由于苹果公司系统中设置有报警监控系统，很快发现了系统入侵及异常刷机行为，并将犯罪嫌疑人当场抓获，避免了企业进一步的损失。❶

其次，应采用系统账号密码专人专用、使用留痕、事后备查等措施，限制商业秘密接触和使用的范围。在侵犯商业秘密的案件中，企业外部人员与企业员工合谋窃取商业秘密的情况比较突出。企业竞争对手等外部人员往往通过贿赂等方式，安排企业员工利用工作权限拷贝相关涉密数据。行为人对商业秘密的盗窃等不正当手段，既可以是将载有商业秘密的文件等据为己有，也可以是复制后退回原件保留复制件，还可以是将商业秘密的内容记忆下来。这些方式本身反映了商业秘密和其他有体物的不同。❷

再次，企业在平时工作中应建立软件、项目、系统等的研发日志，对商业秘密进行固定和明确。在司法实践中，权利人的研发文档既可以作为侵犯商业秘密内容的重要对比文件，也可以作为证明企业开发和投入的权属或赔偿类证据。例如，2012—2013年，华为公司立项"智慧健康研究"，组织人员研发名为"iHealth"的健康穿戴系统。华为公司依据其内部规范，创建项目设计文档、源代码等内容，放置在公司内部服务器上。此后华为公司发现其他公司上线测试的软件与其开发的内容高度相似。在诉讼阶段，华为公

---

❶ 参见河南省高级人民法院（2015）豫法知刑终字第10号刑事判决书。
❷ 孔祥俊. 商业秘密保护法原理[M]. 北京：中国法制出版社，1999：273.

司能够提供 iHealth 项目软件源代码以及相关的开发资料,用以证明其合法权利。经过鉴定机构鉴定,被诉软件与华为公司的 iHealth 项目软件的源代码具有同一性。对于研发项目的整理、管理、保护有利于企业在面对侵犯商业秘密行为或者犯罪时,能够及时组织证据,维护自身合法权益。

最后,员工离职时,企业应当对该员工的电脑进行清查,防止重要的涉密文件被复制、携带,并且明确对离职员工提出保密要求。

二、员工"跳槽"与企业商业秘密管理

目前,员工跳槽导致的企业商业秘密被泄露、使用等情况,是实践中最为常见和典型的侵害商业秘密的情形。如何妥善处理企业商业秘密等合法权利与人才正常流动之间的冲突和矛盾,是困扰企业和员工的法律问题。跳槽者在原单位的任职情况是判断其是否接触商业秘密以及接触内容和范围的切入点。比如总经理或厂长知悉企业所有的技术信息和经营信息,而普通的工人或业务员可能只接触极其有限的技术信息或经营信息。侵权与否、侵权的范围同接触与否、接触的范围可能成正比例关系。

对于企业来说,需要从四个阶段做好员工离职有关商业秘密保护的准备。

第一阶段是商业秘密研发、产生及与员工签订劳动合同时。对于在工作中接触和掌握企业商业秘密的员工,企业应该在和该员工订立劳动合同时,明确保密义务条款。

同时，企业应要求参与研发商业秘密的员工签订保密承诺书，明确权利归属和保密义务，并在研发过程中做好记录和登记。

第二阶段是员工在职期间。员工在职期间，应完善并严格执行企业各项保密规程，从保密事项培训、日常保密措施管理和检查等入手，重落实、重成效。

第三阶段是员工申请离职时。在员工向企业提出离职申请后，企业应当对该员工的电脑进行及时监管和清查，防止离职员工将带有企业商业秘密的电脑、资料等转移和备份。企业相关部门应该对该员工掌握的商业信息进行梳理，与离职员工进行离职谈话，要求离职员工就掌握的商业信息到企业离职审查部门进行登记、返还、删除和销毁，企业也应对离职员工处理商业信息的情况做好记录。由离职员工签订相关保密承诺书，告知其保密义务和泄露、不正当使用企业商业秘密的法律后果。对于高级管理人员、高级技术人员和其他负有保密义务的人员，企业可以视需要与之签订竞业限制协议，要求其在一定期间内不得从事相关业务，并按约定支付竞业限制补偿金。

第四阶段是员工离职后。企业应该对离职员工提供的去向进行定时追踪，并密切注意其商业秘密是否存在泄露或者被不正当使用的情形，积极防范离职员工违反竞业限制协议、侵害商业秘密的行为。对于已经发现的侵害商业秘密的行为，及时向离职员工、其所在单位发送律师函或者警告函，启动侵权或者违约纠纷处理程序；构成违法犯罪的，可以向公安机关报案或者提起刑事自诉。

三、员工离职后的商业秘密保护义务

掌握企业商业秘密的员工离职后如果到竞争对手的公司工作，或者自己设立与原企业存在竞争关系的新公司，就可能发生商业秘密泄露的风险。企业在员工离职后对商业秘密的保护需要关注以下方面。

第一，对于掌握或者接触企业商业秘密的员工，在其离职时，企业通常会通过与其签订竞业限制协议或者条款的方式，避免离职员工的再就业给企业带来竞争威胁。如果员工履行了竞业限制义务，企业应当向员工支付竞业限制补偿金，员工也有权要求相关企业支付这部分补偿金。如果是因为企业的原因未向员工支付竞业限制补偿金，那么员工有权要求原企业支付或者主张解除竞业限制协议。

第二，如果员工个人具有的知识、经验和技能是所属领域相关人员通常所具有的信息，则不属于商业秘密，企业不能以此限制员工自由择业的权利。原企业享有权利的商业信息应当满足秘密性、价值性和保密措施三个构成要件。不满足上述任一要件的商业信息，不属于商业秘密。员工使用这样的信息，不属于侵害原企业的商业秘密。

对于掌握或者接触企业商业秘密的员工，如果离职时原企业并未与其签订竞业限制协议，那么其对于在原企业掌握或者接触的商业秘密是否可以自行使用呢？

在实践中，当员工在离职后被原所在企业主张商业秘密侵权时，通常会作出这样的抗辩。但答案显然是不可以

的。根据诚实信用原则以及《反不正当竞争法》第 9 条的规定，离职员工存在盗窃、贿赂、欺诈、胁迫、电子侵入或者其他不正当手段等行为之一的，均属于侵害企业商业秘密的行为，应承担侵权的民事责任。也就是说，离职员工侵害商业秘密行为的认定，重点在于该员工在离职之后是否基于诚实信用原则，尽到了保守原所在企业商业秘密的忠诚义务。法律上并未限制员工的择业自由，在该员工离职时如果没有与原所在企业签订竞业限制协议，那么该员工有权到与原企业有竞争关系的企业工作，也有权自行设立公司从事与原企业有竞争关系的业务；但是该员工不得侵害原企业的商业秘密，这是一项法定义务。

对于第三方企业来说，如果招聘的新员工来自与自身有竞争关系的企业，且该员工可能掌握或者接触原企业商业秘密的，应当在入职时或者入职后，对于该员工提供的经营信息或者技术信息进行审慎审查和评估，用以确定该信息对于员工个人的研发能力、投入时间和精力来说是否是合理的。如果第三方企业明知或者应当知道新员工属于以不正当手段获取该信息或者违反原企业保密要求和义务使用该信息，但是仍然出于商业利益等原因使用、披露该商业秘密的，那么第三方企业同样也侵害该员工原企业的商业秘密，应承担相应的侵权责任。

四、企业对外交流合作中的商业秘密管理

随着企业对外交流合作的增多，如何在对外交流中保护好企业的商业秘密，成为商业秘密管理的一个重要问题。企业商业秘密保护意识不强、制度措施不足，都可能导致商业秘密的泄露，造成难以挽回的损失。企业对外交流、合作中，根据合作内容、方式的不同，可以分为常规交流和深度合作。前者包括业务交流会、行业分享会、参观访问、求职招聘等，后者包括合作研发、合资投资、委托开发等。两种合作模式下商业秘密的管理存在较大差异。

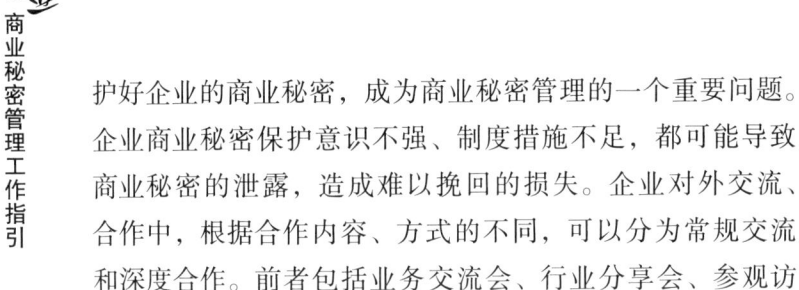

（一）常规交流的商业秘密管理

企业常规性对外交流中，要注意对于涉及商业秘密交流的员工进行定时、专项的培训，并且明确企业相关规章制度。

对于交流信息应予以提前备案和内部审查，避免商业秘密的泄露。实践中。曾经有企业在行业协会组织的交流分享会中，不慎透露出自己企业目前参与竞标的项目和细节。同行另一企业也恰好参与竞标，在会后立刻根据收集到的信息及时调整竞标策略，取得了该竞标项目。这也给被泄露商业秘密的企业造成了不小的损失。

对于企业的供应商、客户、合作伙伴，企业应当明确提出保密要求，最好作出单方书面保密承诺。对于来访参观人员，应正式通过访问手册等提出保密要求，如禁止拍照、录像、记录，禁止取得样品等。对于部分涉密场所，如相关厂房、车间等，可以通过悬挂"谢绝参观"等字样予以标示。

（二）深度合作的商业秘密管理

企业对外深度合作中，应当侧重于对合同内容的审查。企业进行合作研发、合资投资、委托开发等项目时，应当在合同中明确商业秘密的内容和归属，最好就相关保密事项专门签订保密协议，约定对于相关项目的"专有资料"和"一方认为是机密或秘密的资料"，双方均应负保密义务。

在实践中，企业因为向合作方披露商业秘密而导致自身重大损失的案例不胜枚举。例如，云南某中医院经过多年研发，取得了治疗"脖根骨痛"的民族药方，并不断对该药进行系统研发和加工提炼。因中医院不是制药企业，不能申请药品生产批准文号，因此中医院与某药业公司签订协议，委托药业公司以其名义申报审批新药生产批准文号。然而在申报的过程中，该中医院未注意对药方商业秘密进行保护，不仅向药业公司泄露了药方，且未约定药业公司的保密义务。此后，该药业公司开始生产同类药物。由于药业公司所获取的紫灯胶囊技术秘密，是中医院为使申请的紫灯胶囊生产批准文号能够得到相关药品监管部门的核准而自愿向药业公司披露的，因此药业公司是以合法手段获取了紫灯胶囊的技术秘密。最终法院根据现有证据认定药业公司自行生产销售紫灯胶囊的行为没有对紫灯胶囊技术秘密的权利人构成侵权。❶

---

❶ 参见云南省高级人民法院（2014）云高民三终字第89号民事判决书。

第三章　企业商业秘密侵权纠纷应对

企业遇到商业秘密侵权纠纷，可以采取的应对措施应视具体情况决定，包括：向监督检查部门举报，由监督检查部门给予行政处罚；以违反竞业限制义务提起劳动仲裁；以侵犯商业秘密为由提起民事诉讼；或者以涉嫌侵犯商业秘密罪为由向公安机关报案。当然，因商业秘密属于私权利，在前述纠纷解决过程中，不排除企业与员工自行协商或接受第三方组织的调解，最终化解纠纷。

实践中，最常见的直接针对侵犯商业秘密的纠纷处理方式为民事诉讼和刑事诉讼。本章第二节、第三节主要从商业秘密权利企业的角度，就侵犯商业秘密的民事司法程序和刑事司法程序相关内容进行梳理介绍。

第一节　纠纷解决方式的选择

自1993年12月1日，我国首部《反不正当竞争法》施行以来，侵犯商业秘密就作为典型的不正当竞争行为被规定。此后，随着这一问题在经济生活中日益突出，该法两次修订都体现出对此行为不断加重处罚的趋势。1997年《刑法》新增了侵犯商业秘密罪，给予商业秘密权利人以更多的纠纷处理选择。

一、行政救济

《反不正当竞争法》规定对侵犯商业秘密的行为可由监督检查部门责令停止违法行为，并根据情节处以相应的罚款。县级以上人民政府工商行政管理部门对不正当竞争行为进行查处，法律、行政法规规定由其他部门查处的，依照其规定。原国家工商行政管理局早在于1998年12月3日修订的《关于禁止侵犯商业秘密行为的若干规定》中就明确规定过权利人认为其商业秘密受到侵害的，可以向监督检查部门申请查处侵权行为，权利人应当对其申请提供与商业秘密及侵权行为相关的证据。

（一）行政救济的条件

由于商业秘密是商事主体自身掌握并采取保密措施的

秘密性信息，由此产生的权利被他人侵权要寻求救济，往往比著作权、商标权等这些公示性权利复杂，获得行政手段救济的条件也相对复杂。

《关于禁止侵犯商业秘密行为的若干规定》第5条中明确列举了监督检查部门查处侵犯商业秘密行为的要件：

第一，权利人应当提供商业秘密及侵权行为存在的有关证据。权利人的举证责任包括两方面，一是其自身持有的商业秘密，二是举报对象实施的侵权行为。

第二，权利人要证明被申请人所使用的信息与其信息具有一致性或相同性。证明被申请人所使用的信息与权利人主张商业秘密的信息一致，是认定侵犯商业秘密行为成立的重要条件。

第三，权利人能证明被申请人有获取其商业秘密的条件，而被申请人不能提供或者拒不提供其所使用的信息是合法获得或者使用的证据。这项条件要求权利人证明被申请人有接触其商业秘密的机会，即存在"接触"条件。同时，被申请人无法否定"接触"的后果，即其没有持有所使用信息的合法来源理由及证据。

满足以上三个条件时，监督检查部门方可认定被申请人的侵权行为成立。

比如，在杭州市市场监督管理局经济技术开发区分局因侵犯商业秘密行为对朱某作出的行政处罚决定中认定，朱某作为瑞奇包装系统（杭州）有限公司（简称"瑞奇公司"）采购部经理，违反劳动合同的约定，违反瑞奇公司在《员工手册》"竞业保密制度"中要求员工履行保密义务的要求，披露、允许他人使用其所掌握的瑞奇公司与客户的特定成交价，损害了瑞奇公司的合法权益，违反了《关于禁止侵犯商业秘密行为的若干规定》第3条第1款第（4）项的规定，属于侵犯商业秘密的行为。鉴于当事人与其他员工相互勾结，非法侵犯公司的商业秘密，在共同侵权中起主要作用等情节，依法责令其改正违法行为，并罚款人民币5万元。❶

（二）行政责任

对侵犯商业秘密行为给予行政处罚，主要涉及两项处罚结果：一是责令停止违法行为；二是根据情节给予罚款。

1. 停止违法行为

就侵权行为而言，对权利人最直接、首要的救济是停止侵权。一般情况下，停止侵权应视具体的侵权行为而定，如被申请人违法向他人披露权利人的技术秘密，并就使用该秘密的产品对外公开销售，所应停止的行为显然包括被申请人停止继续披露该秘密，并停止将包含该秘密的产品对外销售。《关于禁止侵犯商业秘密行为的若干规定》第6条、第7条中列举了典型的停止侵权的行政处罚措施，包括责令被申请人停止销售使用权利人商业秘密生产的产品、责令并监督侵权人将载有商业秘密的图纸等资料返还给权利人、监督侵权人销售使用权利人商业秘密生产的产品等。

---

❶ 参见浙江省杭州市中级人民法院（2017）浙01行终603号行政判决书。

由于该规定颁布时间较早，其中列举的要求侵权人停止侵权行为的措施较少，实践中，还应视具体的侵权行为确定停止侵权的方式。

2. 罚款

罚款是行政处罚中一项重要的处罚措施。《反不正当竞争法》的修改演变之一是针对侵犯商业秘密行为的罚款金额不断提高，一定程度上反映出处罚力度的加大。1993年颁布施行的《反不正当竞争法》第25条规定了相关监督检查机关可以根据侵犯商业秘密行为的具体情节，处以1万元以上20万元以下的罚款。2017年修订的《反不正当竞争法》第21条将罚款金额提高至10万元以上50万元以下，对于情节严重的，提高至50万元以上300万元以下。2019年修正后的《反不正当竞争法》对侵犯商业秘密的罚款金额再次进行了调整，对一般的侵犯商业秘密行为处以10万元以上100万元以下的罚款，对情节严重的行为处以50万元以上500万元以下的罚款。

行政执法对于侵犯商业秘密行为处罚力度的加大，一定程度上回应了商业秘密权利人加大保护的现实需求，同时也对侵权行为起到了较大的威慑作用。一方面，经营者受到行政处罚的，监督检查部门还会将处罚记入信用记录，并依照有关法律、法规规定予以公示。另一方面，经营者对侵犯商业秘密的行为可能承担行政、民事和刑事责任，这三项责任一般情况下不互相抵销，对一些情节严重的侵犯商业秘密行为给予行政处罚，并不排除侵权人可能承担的民事和刑事责任。

二、民事救济

行政救济和刑事救济都是从国家社会经济、管理秩序层面采取的救济措施，不论是行政罚款，还是刑事罚金，一定程度上都属于对国家秩序被破坏的弥补。只有民事救济手段才是直接对商业秘密权利人的补偿。所以，对于商业秘密权利人而言，最常用的救济手段还是通过民事诉讼的方式向侵权人主张权利。

民事诉讼救济通常又可以分为三种方式：一是追究侵犯商业秘密员工的违约行为，此种方式通常为用人单位向员工提起违约之诉；二是追究技术开发合同等合同对方的违约责任，此种方式通常为合同一方向负有保密义务的合同对方因违反商业秘密保密义务而提起违约之诉；三是追究侵权人侵犯商业秘密的行为，此种方式通常以不正当竞争纠纷提起诉讼。

（一）民事救济的条件

目前法院对待民事诉讼案件采取立案登记制❶。当事人提起一项诉讼，法院一般都会立案；但当事人的诉讼目的显然不止于立案，而是尽可能获得法院的支持。商业秘密

---

❶ 2015年4月1日，中央全面深化改革领导小组第十一次会议审议通过了《关于人民法院推行立案登记制改革的意见》，要求对符合法律规定条件的案件，人民法院必须依法受理，任何单位和个人不得以任何借口阻挠法院受理案件。该意见于2015年5月1日起施行。

权利人提起民事诉讼请求要获得法院支持，需要满足以下必要条件。

1. 原告主体适格

《中华人民共和国民事诉讼法》（简称《民事诉讼法》）第119条规定的起诉要件中，对于原告的要求为"与本案有直接利害关系的公民、法人和其他组织"。若原告与案件没有利害关系，法院将裁定不予受理。可见，满足前述要件仅是法院受理案件的基本要求。

具体而言，涉及商业秘密的合同纠纷案件中，原告应证明其为合同一方当事人。只有证明合同关系存在，才有必要进一步考察合同履行行为是否符合合同约定，是否存在违约行为以及违约责任的承担等问题。

涉及商业秘密的侵权纠纷案件中，原告应证明其为商业秘密权利人。当然，此处包含两项举证责任。一是存在原告主张的商业秘密。这是判断原告适格与否的前提。若是商业秘密本不存在，则原告作为商业秘密权利人也就无从谈起。例如，曾有原告主张其自己草拟的空白合同模板为商业秘密，但最终法院认为具体合同约定条款才可能构成商业秘密，空白合同模板本身并不能单独为经营者带来经济利益，不构成商业秘密。二是原告对其主张的商业秘密享有合法权益，即原告依法或依约为商业秘密权利人。只有完成这两项举证义务，才能证明原告适格。

2. 被告主体适格

《民事诉讼法》第119条规定中对被告主体的要求为"有明确的被告"。这是原告提起诉讼时关于被告主体最基础的要求。何种情况下被告不明确？如果仅有一个自然人姓名，难以唯一确定原告主张的被告是谁，可以认为被告不明确。或者，仅有一个外国公司名称，该公司是否真实存在，直至诉讼期间是否还存续都不清楚，也属于被告不明确的情况。

在此基础上，原告还要证明被告与本案纠纷有关，即被告适格问题。在合同纠纷案件中，被告为合同当事人；在侵权纠纷案件中，被告实施了被诉行为。民事诉讼中，即使原告适格，但被告不适格，后果仍然是原告的诉讼请求无法得到支持。

3. 完成举证证明责任

原告是民事诉讼的主动提起者，按照民事诉讼"谁主张、谁举证"的基本原则，原告首先应承担支撑其主张事实的举证证明责任。这体现为《民事诉讼法》第64条第1款的规定："当事人对自己提出的主张，有责任提供证据。"

合同案件中，原告应围绕合同订立、履行提交证据。

侵犯商业秘密案件中，商业秘密的具体内容、为何能构成商业秘密都属于原告举证范畴。许多案件中的原告往往因无法举证证明商业秘密致使诉讼进程止步于此。少部分案件由于被告或者接受被告销售产品的第三方掌握被诉行为涉及的主要证据，原告因客观原因难以取得这些证据的，可以按照《民事诉讼法》第64条第2款、第80条、第81条的规定，申请法院调取、勘验或者保全证据。

原告除了证明所主张的商业秘密存在，另一项极其重要的举证责任在于证明被告实施了被诉行为，且该行为为法律所禁止。1993年颁布施行的《反不正当竞争法》列举了三类典型的侵犯商业秘密的行为：第一，以盗窃、利诱、胁迫或者其他不正当手段获取权利人的商业秘密；第二，披露、使用或者允许他人使用以前项手段获取的权利人的商业秘密；第三，违反约定或者违反权利人有关保守商业秘密的要求，披露、使用或者允许他人使用其所掌握的商业秘密。前述三类行为既包括了通过不正当手段获取商业秘密的行为，也包括了将获取的商业秘密进行披露、使用的行为。

2017年修订的《反不正当竞争法》增加了侵犯商业秘密的典型行为，包括以盗窃、贿赂、欺诈、胁迫或者其他不正当手段获取权利人的商业秘密。2019年修正后的《反不正当竞争法》进一步增加且细化了侵犯商业秘密的典型行为，如电子侵入手段获取商业秘密，教唆、引诱、帮助他人违反保密义务或者违反权利人有关保守商业秘密的要求，获取、披露、使用或者允许他人使用权利人的商业秘密。这些列举进一步强调了侵犯商业秘密的行为不仅包括直接的非法获取、披露及使用行为，还包括帮助他人侵犯商业秘密的行为，即通过教唆、引诱、帮助他人违反保密义务实施直接侵犯商业秘密的行为。

可见，在立法层面，不论是在侵权主体的范围上，还是在侵权行为方式、手段上都有加强保护商业秘密权利人的趋势。

4. 排除有效抗辩

民事诉讼主张要得到法院支持，达到救济目的，除了满足以上条件外,还要排除被告的有效抗辩。合同案件中,被告的抗辩不仅有合同抗辩,还有法律抗辩。如果合同未约定保密条款,被告也不属于法定的负有保密义务的人员,则被告提出其不承担保密义务的抗辩有效。

侵犯商业秘密案件中,如果被告抗辩商业秘密不存在,或者被告有合法理由使用这部分秘密,并得到了法院采信,则原告的侵权主张也无法得到支持。

因此,商业秘密权利人除了准备自己一方的举证、质证外,还需要应对被告的抗辩及反驳证据。只有排除了被告的有效抗辩后,才能最终实现民事救济的目的。

例如,在艺恩公司与拓普公司侵犯商业秘密案[1]中,艺恩公司主张其因自己的数据库无法正常登录,后经联系其数据库维护单位发现相关数据库资料被密集、频繁下载,再经调查,系拓普公司法定代表人利用其在艺恩公司任职期间掌握的数据库账号和密码所为,故诉至法院请求判令拓普公司赔偿其经济损失65万元。艺恩公司主张其数据库中的资料信息属于其商业秘密。法院查明,拓普公司法定代表人曾在艺恩公司任职。艺恩公司称其于2012年离职,2017年成立拓普公司。艺恩公司专门负责数据库维护人员提供的登录日志文件显示,2017年6月19日至21日期间IP地址为123.56.11.40的网络用户使用相关账号对该数据库进行了非正常的尝试访问,无证据证明访问成功并下载数据。法院最终认为,在案证据不能直接得出拓普公司通过

---

[1] 参见北京知识产权法院(2019)京73民终3008号民事判决书。

破解账号密码等非法手段登录艺恩公司账号，无法证明拓普公司侵害其商业秘密，故驳回了艺恩公司的诉讼请求。

（二）民事责任

1. 违约责任

《劳动法》第 22 条规定："劳动合同当事人可以在劳动合同中约定保守用人单位商业秘密的有关事项。"《劳动合同法》第 23～25 条专门规定了用人单位与劳动者可以约定劳动者保密义务，以及对负有保密义务的劳动者，用人单位可以约定竞业限制条款，劳动者违反竞业限制约定的，应当支付违约金。因此，违反竞业限制义务，是负有保密义务的劳动者被用人单位追究违约责任的一类常见劳动争议纠纷。

例如，泰思公司与杨某劳动争议一案[1]中，泰思公司是为航空公司招聘飞行员的猎头公司。杨某与泰思公司订立的劳动合同中约定，杨某担任入职顾问，从事与飞行员进行联络的工作，杨某未经泰思公司授权不得向第三方泄露与泰思公司业务、客户和财务有关的保密信息。双方另约定杨某违反保密协议，应一次性支付违约金 20 万元。后杨某离职，离职协议书中约定杨某离职后承担保密义务 2 年，12 个月内不得自营或为他人经营与泰思公司有竞争的业务，竞业限制期内，泰思公司每月向杨某支付补偿费 1800 元。

---

[1] 参见北京市第三中级人民法院（2020）京 03 民终 1784 号民事判决书。

杨某离职后进入与泰思公司有竞争关系的另一公司，依然从事飞行员联络工作。泰思公司对杨某提起劳动争议诉讼，要求杨某支付违约金20万元等。

一审和二审法院均从杨某的工作性质和内容考虑，认定杨某属于竞业限制适用对象，泰思公司对杨某所设竞业限制期限合理，且向杨某支付了合理的竞业限制补偿金，杨某违反了竞业限制义务，应当依约支付违约金20万元。

上述案例的争议焦点虽然集中于竞业限制的效力问题，但设定竞业限制规则的前提和基础依然离不开商业秘密。竞业限制所设限制是为了保护企业商业秘密不因员工流动而泄露，限制要求不仅体现为员工后入职的行业范围和企业类型，与商业秘密相关事项还体现在：

（1）竞业限制的适用对象应当属于能接触到企业商业秘密的人。《劳动合同法》第24条第1款规定："竞业限制的人员限于用人单位的高级管理人员、高级技术人员和其他负有保密义务的人员。"因工作职责而知悉企业商业秘密并负有保密义务是这类主体的重要特征。实践中，企业可以根据实际生产经营需要适当确定除高级管理人员、高级技术人员之外一定范围的其他负有保密义务的人员作为竞业限制的适用对象。

（2）竞业限制补偿体现了保守企业商业秘密的对价。竞业限制是法定或约定情形下为了保护企业的商业秘密而对个人择业自由的限制，此种限制显然需要一定的对价来弥补。《最高人民法院关于审理劳动争议案件适用法律若干问题的解释（四）》第6条规定了补偿的参考基数，对何为适当补偿作了具体规定。上述案例中，杨某于2015年从泰思公司离职，当年北京市最低工资标准为1720元，因此，法院认为泰思公司向杨某支付每月1800元的竞业限制补偿属于合理范畴。

此外，还有技术委托开发合同等涉及企业秘密的合同自订立至履行完毕后都可能发生泄露商业秘密等情况，引发与商业秘密相关的合同纠纷。此类纠纷本质上仍属于合同纠纷，本书对此不作具体展开。

2. 侵权责任

《民法典》第186条责任竞合条款规定，因当事人一方的违约行为，损害对方人身权益、财产权益的，受损害方有权选择请求其承担违约责任或者侵权责任。由于违约责任受限于双方此前的合同约定，用人单位发现前员工未履行竞业限制义务，造成商业秘密外泄，但双方此前的合同约定违约金较低，或者缺失重要的责任条款，甚至发现前员工新入职的竞争对手企业对于该员工违反竞业限制行为存在教唆、帮助等明知或应知的主观过错时，通过劳动争议寻求救济显然是不充分的。企业单独主张前员工侵犯其商业秘密，或者主张前员工及该员工新入职企业共同侵犯其商业秘密是常见的侵权责任追究方式。

不正当竞争行为属于广义的侵权行为。《反不正当竞争法》在法律责任部分对于损害赔偿方法的规定中明确提及"因不正当竞争行为受到损害的经营者的赔偿数额，按照其因被侵权所受到的实际损失确定；实际损失难以计算的，按照侵权人因侵权所获得的利益确定"，其中直接使用了

"侵权"。按照《民法典》第 179 条中对民事责任中侵权责任的规定，被告构成不正当竞争的，应承担的侵权责任常见方式包括：停止侵害、消除影响和赔偿损失。

值得一提的是，不少权利人会在侵犯商业秘密案件起诉状中要求被告向其赔礼道歉。知识产权民事诉讼中，赔礼道歉的法律责任一般仅适用于著作人身权被侵害的情况，不适用于包括不正当竞争等财产性权利受侵害的案件。原因在于，赔礼道歉是我国独有的民事责任方式，以侵权人向受害人真诚表达歉意的方式，弥补受害人心理上所受的伤害，主要体现出自然人的人身性质。由于著作权包含著作人身权和著作财产权两部分，著作人身权部分与作者本人密切相关，因此，著作人身权被侵害，通常可以适用赔礼道歉；但其他知识产权仅涉及财产权，不宜适用赔礼道歉的责任方式。

（1）关于停止侵害。凡是涉及侵害商业秘密行为持续的，权利人首要的诉求就是停止侵害。只有及时停止侵权行为，才能有效阻止侵权后果的扩大。这也是一些案件中原告向法院申请行为保全的重要原因。停止侵害的法律责任有两项值得关注的内容：

第一，关于停止侵害的期限。《最高人民法院关于审理不正当竞争民事案件应用法律若干问题的解释》第 16 条规定："人民法院对于侵犯商业秘密行为判决停止侵害的民事责任时，停止侵害的时间一般持续到该项商业秘密已为公众知悉时为止。依据前款规定判决停止侵害的时间如果明显不合理的，可以在依法保护权利人该项商业秘密竞争优势的情况下，判决侵权人在一定期限或者范围内停止使用该项商业秘密。"在司法实践中，对于侵犯商业秘密的案件一般不在判决中明确停止侵害的持续时间，而是笼统地判决"被告立即停止侵犯原告的商业秘密"。有观点认为，对于侵犯经营秘密的案件，应当在判决中明确停止侵权的期限。因为如果判决被告永久停止使用，将不当地限制被告开展正当商业竞争的权利，也将不当地减少被告在其熟悉行业中的就业机会，存在明显不合理之处。此观点主要是从理论逻辑出发的，从判决执行和实际效果看，这样的顾虑并无必要。民事判决的每一个判项都应当具有可执行效力。由于商业秘密何时处于公有领域、何时失去商业价值存在较大的不确定性，也非执行法官可以准确把握的事项。因此，不妨将停止侵权的判项解释为：只有在原告商业秘密成立的情况下，被告才应停止针对原告商业秘密的行为；一旦原告商业秘密因为公开或失去商业价值不再构成商业秘密，被告自然无须再履行停止侵权的义务。

第二，关于销毁侵权产品或工具。《著作权法》《商标法》等法律规定了权利人可以要求销毁侵权商品，法院可以"对主要用于制造假冒注册商标的商品的材料、工具，责令销毁"。一般情况下，法院认定被告侵犯商业秘密行为成立的，可以依权利人的请求判令侵权人将载有商业秘密的图纸、软件及其他有关资料返还权利人，责令销毁侵权产品或侵权工具等。但是在司法实践中，对权利人销毁侵权物品的诉讼请求，法院总体呈现出审慎的态度，若判令被告停止侵害足以制止侵权行为继续的，一般出于避免社会资源浪费的考虑，不再判令销毁侵权产品或工具。此外，对于是否支持销毁侵权产品或工具的诉讼请求，还会综合考量侵权工具是否属于生产侵权产品的专用模具、销毁侵权物品的实际可执行性、侵权物品能否移交权利人处理、有无其他替代性措施等方面的因素。例如，在中科院某研制中心有限公司诉博远公司、苏某等侵犯商业秘密纠纷案❶中，原告主张销毁被告生产的包含原告技术秘密的产品和半成品。法院在判决中认为，被告制造的涉案产品除包含原告的技术秘密外，其余部分应属于合法产品，具有一定的价值，不宜销毁，将涉案产品中涉及技术秘密点的部分拆除即可达到保护原告技术秘密的目的，因此对原告有关销毁的诉请未予支持。

（2）关于消除影响。如果侵犯商业秘密的行为对权利人造成了不良市场影响，损害了权利人的商业信誉，则权利人可以请求法院判令被告消除影响。经统计，反不正当竞争案件中，涉及混淆行为、虚假宣传、商业诋毁等行为的案件，原告主张被告消除影响的情形较多；但侵犯商业秘密案件中原告主张消除影响的情形较少，这可能与权利人不愿将与商业秘密有关的事项向公众广而告之有关。

（3）关于赔偿损失。侵犯商业秘密的行为一般会造成权利人损失并且使侵权人获得非法利益，因此，要求侵权人向权利人承担赔偿责任属于基本的侵权责任承担方式，

---

❶ 参见沈阳市中级人民法院（2007）沈民四知初字第189号民事判决书。

也是对权利人损失最直接有效的弥补。

具体到计算损害赔偿的方法。《反不正当竞争法》第 17 条第 3 款规定了损害赔偿适用经营者实际损失或侵权人侵权获利的计算方法:"因不正当竞争行为受到损害的经营者的赔偿数额,按照其因被侵权所受到的实际损失确定;实际损失难以计算的,按照侵权人因侵权所获得的利益确定。经营者恶意实施侵犯商业秘密行为,情节严重的,可以在按照上述方法确定数额的一倍以上五倍以下确定赔偿数额。赔偿数额还应当包括经营者为制止侵权行为所支付的合理开支。"

该条第 4 款规定了法定赔偿的适用:"经营者违反本法第六条、第九条规定,权利人因被侵权所受到的实际损失、侵权人因侵权所获得的利益难以确定的,由人民法院根据侵权行为的情节判决给予权利人五百万元以下的赔偿。"

上述法律规定有三点值得注意:

一是损害赔偿的计算方法有顺位要求,优先适用原告实际损失进行计算,实际损失难以计算的,才适用被告侵权获利进行计算。不论是实际损失,还是侵权获利均应当由当事人举证证明。赔偿类证明内容因个案因素差异而各不相同,包括各类合同、研发成本、销售营销成本、收益等。

二是惩罚性赔偿仅适用于恶意侵犯商业秘密的情形,赔偿基数是原告实际损失或被告侵权获利,而不包括法定赔偿。倍数有法定要求,即 1 至 5 倍。

三是法定赔偿的适用应结合个案具体因素在 500 万元以内酌情确定赔偿数额。2017 年修订时《反不正当竞争法》

将侵犯商业秘密的法定赔偿额上限从 100 万元提高至 300 万元。时隔一年多，2019 年修正后的《反不正当竞争法》又将该上限提高至 500 万元，足见加强商业秘密保护的决心。

三、刑事救济

对于部分严重的侵犯商业秘密行为，权利人可以寻求刑事救济途径。将侵犯商业秘密的行为在《刑法》第 219 条中作专门规定，是我国《刑法》吸收了 1993 年《反不正当竞争法》相关侵犯商业秘密的条款后，于 1997 年修订时增加的条款。该条规定，以盗窃、利诱、胁迫或者其他不正当手段获取权利人的商业秘密，或者非法披露、使用或者允许他人使用其所掌握的或获取的商业秘密，给商业秘密的权利人造成重大损失的行为，属于侵犯商业秘密罪的行为，"处三年以下有期徒刑或者拘役，并处或者单处罚金；造成特别严重后果的，处三年以上七年以下有期徒刑，并处罚金"。后最高人民法院根据该条的规定设定了侵犯商业秘密罪的罪名。

近来，正在征求意见的《刑法修正案（十一）（草案）》将《刑法》第 219 条中的商业秘密定义与《反不正当竞争法》中的商业秘密定义作了一致性调整，同时也对侵犯商业秘密的行为作了相应的调整："（一）以盗窃、利诱、欺诈、胁迫、电子侵入或者其他不正当手段获取权利人的商业秘密的；（二）披露、使用或者允许他人使用以前项手段获取的权利人的商业秘密的；（三）违反保密义务或者违反权利人有关保守商业秘密的要求，披露、使用或者允许他人使用其所掌握的商业秘密的。明知或者应知前款所列行为，获取、使用或者披露他人的商业秘密的，以侵犯商业秘密论。"

该修正案还增加了"为境外的机构、组织、人员窃取、刺探、收买、非法提供商业秘密"的犯罪行为。

另外，该修正案的修改重点还在于提高了侵犯商业秘密罪的法定刑，将情节特别严重的有期徒刑上限从7年提高至10年。

上文民事救济中已经提到，侵害商业秘密的民事纠纷属于知识产权民事侵权案件中较为复杂的一类，许多原告因无法完成举证责任导致主张无法被支持。而刑事责任的判定标准要求更高，这也意味着启动侵害商业秘密的刑事程序难度更大。

（一）犯罪构成要件

罪与非罪、此罪与彼罪的基本判断标准离不开犯罪构成要件。我国刑法规定的犯罪构成要件包括四项。

第一，犯罪客体，即被犯罪行为所侵害的，由我国《刑法》所保护的法益。所谓法益，是法律所确认和保护的利益与价值。[1] 一般认为，侵犯商业秘密罪规定在侵犯知识产权罪一节中，属于破坏社会主义市场经济秩序罪中的一

---

[1] 孙建国，汤留生. 新刑法原理与实务 [M]. 成都：四川人民出版社，1997：31.

项罪名，其本质上是对社会市场经济秩序行为的刑事追责，犯罪客体是社会市场经济秩序，其中也包含了权利人对商业秘密所享有的合法权益。

第二，犯罪客观方面。侵犯商业秘密罪的客观方面：一则体现为被控行为的违法性。符合侵犯商业秘密的行为具有采用不正当手段，非法获取、披露、使用他人商业秘密等非法性特点；二则行为人实施了侵犯商业秘密的具体行为，如未经商业秘密权利人许可，以盗窃、胁迫等手段获取商业秘密的行为。

第三，犯罪主体。侵犯商业秘密罪的主体是一般主体，既可以是自然人，也可以是单位。这从《刑法》第220条中的规定可知。实践中，侵犯商业秘密罪的主体主要包括两类：

一是合同约定负有保密义务的人。这些人曾合法掌握或知悉商业秘密，因违反保密约定而造成商业秘密外泄。此类行为是侵犯商业秘密行为中较为普遍的一类行为。这类主体中，有部分是属于商业秘密权利人的员工，因岗位、职务需要而知悉或掌握商业秘密；还有一部分是商业秘密权利人的合作方，因为合作关系而知悉或掌握商业秘密。前者为自然人，后者不限于自然人，也可以是单位。

二是明知或应知他人实施侵犯商业秘密的行为，仍然获取、使用或者披露他人商业秘密的人。此类主体也同时包括自然人和单位。

第四，犯罪主观方面。侵犯商业秘密罪的主观方面是故意。故意是指行为人明知自己的行为会发生危害社会的结果,并且希望或者放任这种结果发生的一种心理状态。虽然《刑法》第 219 条第 2 款规定中还包括了"应知",但许多学者认为不应将疏忽大意的过失也作为侵犯商业秘密罪的主观方面来对待。❶

正如民事侵权责任判定中行为人存在主观过错是必要条件之一,侵犯商业秘密罪的判定中,被告人是否对犯罪行为存在主观故意也是罪与非罪的判断标准之一。

例如,在北京市海淀区人民检察院指控郭某、北京某铁道技术公司犯侵犯商业秘密罪一案中❷,一审法院认为,被告单位及其直接责任人员郭某违反权利人有关保守商业秘密的要求,披露其所掌握的商业秘密,给商业秘密权利人造成重大损失,其行为已构成侵犯商业秘密罪,应予惩处。鉴于被告单位及被告人郭某系初犯,郭某到案后能如实供认自己的作案过程,且个人未实际谋利,犯罪情节轻微,对被告单位酌予从轻处罚,判处罚金 10 万元,对郭某免予刑事处罚。

北京某铁道技术公司及郭某均不服一审判决,提起上诉。北京市第二中级人民法院审理后认为,在先的生效民事裁决已经确认三方(北京某铁道技术公司、青岛某公司等)协议中,"三方同意将甲方拥有的纵向轨枕和减振轨道系统技术及与之相关的所有技术资源和项目资源统一整合到一个新的企业平台上进行市场开发和运作,用较快的速

---

❶ 魏东. 侵犯知识产权罪立案追诉标准与司法认定实务 [M]. 北京:中国人民公安大学出版社, 2010: 147.

❷ 参见北京市第二中级人民法院 (2019) 京 02 刑终 425 号刑事判决书。

度将技术成果转化为经济价值和企业利润",有关"与之相关的所有技术资源"的约定,存在词语外延不明确的问题,易出现不同的理解。涉案模具技术虽独立于纵向轨枕技术和减振轨道系统技术,但涉案模具技术是用来生产模制纵向轨枕模具的技术,纵向轨枕是产品,模具是生产产品的工具,二者之间又存在一定关联,"与之相关"是否包含此种关联可能会有不同理解,"与之相关的所有技术资源"是否包含此种关联下的模具技术也可能存在不同理解。故现有证据不能排除北京某铁道技术公司、郭某认为涉案模具技术已经转让给北京某铁道技术公司的可能性,认定北京某铁道技术公司、郭某明知涉案模具技术属于青岛某公司商业秘密而故意将之申请专利予以公开的证据不足。郭某作为青岛某公司原员工并与公司订有保密协议,郭某及北京某铁道技术公司主要领导知道齐某等青岛某公司原员工是涉案模具技术的主要研发人,在将涉案模具技术申请专利时,不征求齐某等主要研发人的意见,体现出北京某铁道技术公司、郭某对技术研发人劳动成果的不尊重,对他人知识产权权益保护的漠视。但这种不尊重研发人意见的主观故意与构成侵犯商业秘密罪中的未经商业秘密权利人许可的主观故意不同,未达到犯罪所需的主观故意程度。

二审法院最终认定北京某铁道技术公司、郭某犯侵犯商业秘密罪的主观故意证据不足,二者均不构成侵犯商业秘密罪,故判决北京某铁道技术公司及郭某无罪。

可见,要认定具有侵犯商业秘密罪的主观故意,须有确凿的证据予以证明,不适用通过较为模糊的合同条款等证据予以推定。

（二）刑事责任

1. 重大损失与特别严重后果

侵犯商业秘密罪的立案追诉标准是侵权行为给权利人造成重大损失，具体的损失情况判断依据见第三节刑事司法案件中的四项追诉标准，由此承担的刑罚责任为 3 年以下有期徒刑或者拘役，并处或者单处罚金。

给权利人造成特别严重后果的，即给商业秘密权利人造成损失数额在 250 万元以上的，应当以侵犯商业秘密罪判处 3 年以上 7 年以下有期徒刑，并处罚金。❶

2. 罚金数额的确定

上文提到构成侵犯商业秘密罪的刑罚处罚中，罚金刑是一项并处或单处的刑罚，具体的罚金数额计算方法按照《最高人民法院、最高人民检察院关于办理侵犯知识产权刑事案件具体应用法律若干问题的解释（二）》第 4 条的规定，一般为违法所得的 1 倍以上 5 倍以下，或者按照非法经营数额的 50% 以上 1 倍以下确定。

本节对侵犯商业秘密纠纷的民事救济、刑事救济的主要内容作了简要介绍，下文第二节、第三节将从程序与实体角度具体展开。

---

❶ 如果《刑法修正案（十一）（草案）》通过，则有期徒刑刑罚上限将提高至 10 年。

第二节 民事司法案件

实践中,虽然在涉及竞业限制条款的劳动争议案件中也会遇到商业秘密问题,但劳动争议案件主要审理用人单位和劳动者之间的合同争议,重点不在于对商业秘密相关事实的审查,本节对与商业秘密相关的民事司法案件部分,主要介绍侵犯商业秘密民事案件。本节将对侵犯商业秘密纠纷民事案件中常见且典型的程序及实体问题进行梳理。

一、程序问题

(一)管辖

准确选择管辖,是商业秘密权利人维权成功的基础和前提,同时妥善处理管辖问题,也能帮助企业在应对侵犯商业秘密民事纠纷中免于被动。侵犯商业秘密民事案件的管辖比较复杂,既要考虑《民事诉讼法》中的一般性规定,又要考虑三家知识产权法院以及最高人民法院知识产权法庭成立后涉及侵害技术秘密案件的管辖分工。

1. 一般地域管辖规则

侵犯商业秘密案件属于民事侵权案件范畴,管辖规则应遵循《民事诉讼法》关于民事侵权案件的一般地域管辖规则,主要包括以下规则:

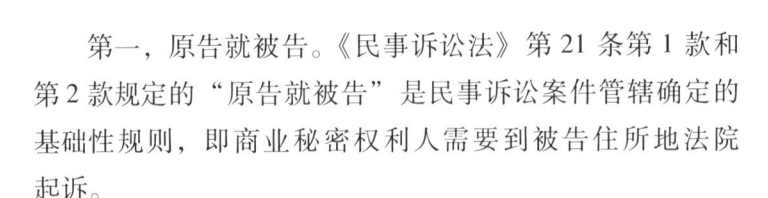

第一，原告就被告。《民事诉讼法》第 21 条第 1 款和第 2 款规定的"原告就被告"是民事诉讼案件管辖确定的基础性规则，即商业秘密权利人需要到被告住所地法院起诉。

第二，多被告择一。《民事诉讼法》第 21 条第 3 款的规定是指原告在一个案件中起诉多主体为共同被告的，可以选择其中一个被告住所地法院起诉。

第三，侵权行为地。《民事诉讼法》第 28 条规定了侵权案件的原告不仅可以选择被告住所地法院起诉，还可以选择侵权行为地法院起诉。至于侵权行为地的判断，根据《最高人民法院关于适用〈中华人民共和国民事诉讼法〉的解释》第 24 条规定，侵权行为地包括侵权行为实施地和侵权结果发生地。侵犯商业秘密的侵权行为实施地和结果发生地可能分离，比如被告从原告处盗窃获得原告的商业秘密，此后被告将盗取的商业秘密制作商品向第三人销售，原告在第三人处发现使用其商业秘密的商品，此过程中，侵权行为实施地为原告住所地，侵权结果发生地为第三人住所地，原告可以选择不同管辖法院起诉被告。可见，权利人可选择的管辖连接点法院越多，维权诉讼主动性越强。

2. 级别管辖规则

原告可以选择的仅限于一审地域管辖，级别管辖规则不属于原告可选择的管辖规则。侵犯商业秘密民事案件按商业秘密种类不同，可以分为侵犯经营秘密案件和侵犯技术秘密案件。《最高人民法院关于审理不正当竞争民事案件应用法律若干问题的解释》第 18 条规定，包括侵犯商业秘密案件在内的不正当竞争民事一审案件，一般由中级人民法院管辖。各高级人民法院根据本辖区的实际情况，经最高人民法院批准，可以确定若干基层人民法院受理不正当竞争民事第一审案件，已经批准可以审理知识产权民事案件的基层人民法院，可以继续受理。

侵犯商业秘密案件作为一般知识产权民事侵权案件，与知识产权民事案件的一审级别管辖相同。知识产权法院的成立，使这类案件的级别管辖出现了差异。

2014年，北京、上海、广州知识产权法院成立，对知识产权案件的管辖分工作了调整，与商业秘密案件有关的管辖中，所在市辖区内的技术秘密案件由相应的知识产权法院一审。❶ 三家知识产权法院将此前由部分基层法院审理的侵犯技术秘密案件提级为中级法院审理。

2018年12月27日，《最高人民法院关于知识产权法庭若干问题的规定》公布，最高人民法院设立知识产权法庭，审理不服高级人民法院、知识产权法院、中级人民法院作出的包括技术秘密在内的一审技术类民事案件判决、裁定而提起上诉的案件。2019年1月1日，最高人民法院知识产权法庭挂牌成立，此后由各地中、高级人民法院一审的侵犯技术秘密案件均上诉至最高人民法院知识产权法庭。

上述调整管辖的案件仅为侵犯技术秘密案件，侵犯经营秘密案件的级别管辖并未作出调整，依然由各地有知识

---

❶ 2014年10月31日公布的《最高人民法院关于北京、上海、广州知识产权法院案件管辖的规定》（法释〔2014〕12号）。

产权民事案件管辖权的一审法院审理。

此外,级别管辖规则还与各地法院具体规定的管辖标的额有关。针对技术秘密和经营秘密民事案件,北京各基层法院审理标的额1亿元以下且当事人住所地均在本市的经营秘密民事案件,以及标的额5000万元以下且一方当事人住所地不在本市的经营秘密民事案件。北京知识产权法院审理标的额为2亿元以下且当事人住所地均在本市的技术秘密一审民事案件,以及标的额1亿元以下且一方当事人住所地不在本市的技术秘密一审民事案件;审理标的额1亿元以上2亿元以下且当事人住所地均在本市的经营秘密一审民事案件,以及标的额5000万元以上1亿元以下且一方当事人住所地不在本市的经营秘密一审民事案件。前述标准以上由北京市高级人民法院一审审理。❶

值得一提的是,侵犯商业秘密刑事案件的级别管辖并未作如此复杂的规定,而是根据量刑依据作为基层法院受理的一类侵犯知识产权罪的案件处理。

(二)保全

《民事诉讼法》规定的三类保全制度——财产保全、证据保全和行为保全中,最常见的是财产保全制度。财产保全,是指法院在受理诉讼前或者诉讼过程中,根据当事人提出的申请,或者依职权对当事人的财产或争议标的物作

---

❶ 2017年11月2日,《北京市高级人民法院关于调整本市法院知识产权民事案件管辖的规定》发布。

出的强制性保护措施，目的是保证此后判决的可执行效力。客观上，有效的财产保全有助于被告积极应诉，避免因为送达、管辖等程序性问题拖延诉讼进程，从而有助于纠纷当事人及时调解化解矛盾。

三类保全有异曲同工的效果，但也有各自鲜明的特点。证据保全主要适用于证据可能灭失或者以后难以取得的情况，由当事人申请或法院主动依职权保全诉讼证据的制度。行为保全是法院依申请或依职权责令当事人作出一定行为或者禁止其作出一定行为的制度，在侵犯商业秘密案件中，行为保全禁止当事人作出一定行为，如立即停止销售侵害申请人商业秘密的商品等，亦称为临时禁令。下文将对侵犯商业秘密案件中涉及的这三类保全逐一介绍。

1. 财产保全

《民事诉讼法》第 100 条明确规定了诉讼财产保全，"人民法院对于可能因当事人一方的行为或者其他原因，使判决难以执行或者造成当事人其他损害的案件，根据对方当事人的申请，可以裁定对其财产进行保全……当事人没有提出申请的，人民法院在必要时也可以裁定采取保全措施。"

侵犯商业秘密案件往往因为争议事实和法律关系复杂，审理周期较长，若原告发现被告存在财产状况恶化、为逃避债务转移财产等情况，可能使将来判决难以执行，则可以在诉讼过程中申请法院对被告采取财产保全措施。

（1）申请阶段。尽管《民事诉讼法》及其司法解释对当事人申请财产保全的阶段作了最宽泛的规定，不仅在生效判决作出之前的任何阶段均可提出保全申请,就是在法律文书生效后,进入执行程序前,债权人因对方当事人转移财产等紧急情况,不申请保全将可能导致生效法律文书不能执行或者难以执行的,也可以向执行法院申请采取保全措施。

最常见的财产保全申请发生在商业秘密权利人起诉立案时,财产保全申请一般随起诉状一并提交。案件受理后,承办法官收到该案件材料的第一时间,在不通知被告的情况下,一般会首先安排处理财产保全事宜。经审查应准予财产保全申请的,及时作出保全裁定。若是在通知被告应诉之后,较大可能会出现被告转移财产等情形,即使此后再采取保全措施,能保全到的被告财物也可能非常有限。

(2)担保。由于财产保全通常在生效判决作出之前作出,大部分申请是在法院未对纠纷进行实质审查时作出,不排除保全错误的可能。因此,大部分情况下,法院准予财产保全的条件之一是申请人提供担保。《最高人民法院关于人民法院办理财产保全案件若干问题的规定》第5条中规定了担保数额不超过请求保全数额的30%。大部分侵犯商业秘密民事案件的标的额不高,且考虑到此类案件的胜诉率较低,因此,不排除法院对于部分财产保全申请要求申请人提供高于30%保全数额的担保。

担保财产的形式不限于现金,可以是有保值价值且变现容易的财物,或者由具备资质的担保公司、保险公司提供相应的担保、保险。

(3)反担保。按照对等和公平原则,原告可以申请法院对被告财产采取保全措施，被告提供反担保的，法院应当裁定解除保全。值得注意的是，一般情况下，被告对财产保全提供反担保的，法院应当接受并解除保全，而证据保全、行为保全被保全的对象不属于财产，不满足等价物条件，所以通常不接受反担保。

2. 证据保全

《民事诉讼法》关于证据保全规定在第六章证据部分，第81条除了原则性规定了证据保全适用条件外，还规定其他程序性规定参照适用第九章。

侵犯商业秘密案件中，通常可能需要法院保全的证据为被告侵权以及被告获利的证据，比较突出的是被告侵权证据。在原告初步举证证明商业秘密存在，且其为商业秘密权利人后，申请法院保全侵权证据的，需要将申请保全的证据范围、对象等与证据相关的信息提供给法院，并充分合理解释申请法院保全证据的理由。实践中，需要采取保全证据措施的案件凤毛麟角，其适用条件的重点在于：一是证据有极大可能灭失，需要尽快保全固定，如一些涉及计算机软件的商业秘密案件，由于软件更迭频繁，具有时效性。二是关键证据在被告或第三方掌握下，经初步判断愿意配合诉讼程序，及时、完整地提交给法院的可能性较小。三是原告有较为准确的证据保全线索。若原告只申请法院保全证据，但无法向法院提供有效的证据保全线索，如存储地点、持有者等具体信息，法院一般不会接受原告的证据保全申请。毕竟法院在民事诉讼程序中的基本角色是中立的裁判者，而非如公安机关那样可以依法行使侦查

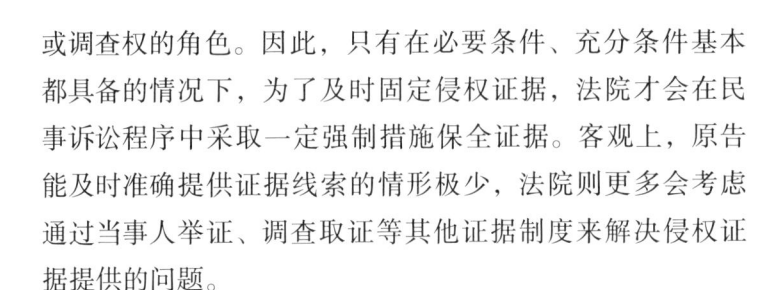

或调查权的角色。因此，只有在必要条件、充分条件基本都具备的情况下，为了及时固定侵权证据，法院才会在民事诉讼程序中采取一定强制措施保全证据。客观上，原告能及时准确提供证据线索的情形极少，法院则更多会考虑通过当事人举证、调查取证等其他证据制度来解决侵权证据提供的问题。

关于侵权证据的取得，即便在侵犯商业秘密案件中，也非证据保全"一剂良药"可用，民事诉讼中的调查取证制度，虽然强制力弱于证据保全，但从实际效果看并不弱于证据保全。例如，有原告表示，其了解到，自从有员工离职进入被告公司后，被告成立了新业务部门，首次参与原告客户的招投标活动，就以与原告提供服务基本相同的服务内容但略低于原告报价的情况下中标，原告申请法院向其客户调取被告的投标文件及双方最终的缔约合同。为了审查被告的中标行为是否与离职员工带走的原告相关经营秘密有关，法院应原告申请，向相关第三方客户调取相关投标文件及合同。

3. 行为保全

2018年底发布的《最高人民法院关于审查知识产权纠纷行为保全案件适用法律若干问题的规定》，将零散分布在商标等司法解释中的临时禁令规定予以整合并规范。在实践中，一些商业秘密权利人对于停止侵权行为的诉求有急迫性，例如，某些新款产品的性能参数、设计亮点在首发日前往往会严格保密，一旦泄露，影响极其恶劣且会对权利人造成极大的宣传成本损失。此时，通过民事诉讼程序要求侵权人承担损害赔偿责任的诉求显然次之,更紧要急迫的诉求是停止侵权行为,尽可能减少侵权影响范围。

企业若是遇到上述情形,向法院申请行为保全,该作何准备呢?

首先,行为保全与诉讼并行。行为保全并不是一项独立的诉讼制度,而是民事诉讼中的一项保全制度,这意味着商业秘密权利人不能仅向法院申请行为保全,而不准备向保全对象提起诉讼。所以,行为保全与民事诉讼程序应基本并行准备。只有在满足《民事诉讼法》第101条规定的特殊情形下,行为保全程序可以略先于民事诉讼程序,即诉前保全。但若法院采取保全措施后30日内,申请人不提起诉讼的,法院应当解除保全。

其次,行为保全申请的准备。准备行为保全申请,一是应强调"情况紧急"。不论是诉前保全,还是诉中保全,均应满足"不立即采取行为保全措施即足以损害申请人利益"这一"情况紧急"条件。《最高人民法院关于审查知识产权纠纷行为保全案件适用法律若干问题的规定》第6条中列举了5项典型情形,"申请人的商业秘密即将被非法披露;申请人的发表权、隐私权等人身权利即将受到侵害;诉争的知识产权即将被非法处分;申请人的知识产权在展销会等时效性较强的场合正在或者即将受到侵害;时效性较强的热播节目正在或者即将受到侵害"。可见,前述典型情形均突出了紧迫性和时效性,其他个案中发生这5项典型情形之外"情况紧急"的情形,也可以适用该条第(6)项其他情形。

但若不存在"情况紧急"的情形,甚至有些案件中侵权行为已经持续数年,原告起诉时仍申请行为保全,法院一般不会准许。

二是应强调保全的必要性。除了"情况紧急"这一条件外,权利人申请行为保全,还应评估保全的必要性并尽可能通过证据或书面意见充分阐述。《最高人民法院关于审查知识产权纠纷行为保全案件适用法律若干问题的规定》第7条规定了法院审查行为保全申请综合考量的几类因素:第一,申请人的请求是否具有事实基础和法律依据,包括请求保护的知识产权效力是否稳定;第二,不采取行为保全措施是否会使申请人的合法权益受到难以弥补的损害或者造成案件裁决难以执行等损害;第三,不采取行为保全措施对申请人造成的损害是否超过采取行为保全措施对被申请人造成的损害;第四,采取行为保全措施是否损害社会公共利益;第五,其他应当考量的因素。

对于提出行为保全申请的商业秘密权利人,通常需要证明前两类因素,即商业秘密存在且权利稳定,以及不采取措施会造成权利人合法权益受到难以弥补的损害或裁决难以执行等。至于其他因素,主要属于法院对于权利人申请以及被告抗辩理由综合考量的因素。

三是积极准备保全听证程序。法院综合考量个案因素,决定准予或不准予行为保全申请,除非因情况紧急或者询问可能影响保全措施执行等情形,一般需要组织听证程序,询问申请人和被申请人。这是法院支持申请人行为保全申请作出裁定之前的一项重要程序,询问内容主要围绕申人权利的稳定性，被诉行为是否存在且持续至今，被诉行为与被申请人的关系，对被诉行为采取行为保全措施的急迫性、必要性等。若是在听证程序中，被申请人表示被诉行为已经停止或确定即将停止，显然无须再采取行为保全措施；若是被申请人在听证中就上述内容提交反证或提供有效反驳意见，则申请人的主张也可能无法得到法院支持。

最后，行为保全作出后及时关注被申请人执行保全裁定的情况。与财产保全、证据保全不同，行为保全措施的执行并不依赖于法院主动实施相关强制性保全措施，而是通过向当事人送达行为保全裁定，并依照执行程序中针对与行为相关的规定处理。当然，一般情况下，行为保全裁定由被申请人自觉主动执行，申请人可以关注被申请人执行情况，若发现被申请人未及时履行保全裁定的，可以通过公证等方式固定证据向法院提交，作为被申请人拒不履行法院生效裁定，以及被申请人实施被诉行为主观故意明显的证据。法院会结合这些证据对被申请人作出相应的处理。

（三）鉴定

民事诉讼中，如果争议事实难以直接通过简单常规方法得出判断结论，当事人可以就查明事实的专门性问题向法院申请鉴定。当事人申请鉴定的，由双方当事人协商确定具备资格的鉴定人；协商不成的，由法院指定。即使当事人未申请鉴定，法院对专门性问题认为需要鉴定的，也可以委托鉴定。

侵犯技术秘密案件中，由于权利人的技术秘密内容、被告所用技术是否涉及权利人的技术秘密以及使用秘密的内容及数量多少，可能都不是代理人、法官等非技术人员可以准确把握并理解的问题。因此，涉及鉴定程序的侵犯技术秘密案件较多，侵犯经营秘密的案件一般无须启动鉴定。

根据司法实践经验，法院主动启动司法鉴定程序属于极少情形，绝大部分的鉴定由当事人申请，法院审查准许后启动。鉴定申请的提出者可能是侵犯商业秘密案件的原告，也可能是被告。为了顺利进入鉴定程序，当事人需注意以下几方面问题：

（1）申请鉴定的内容应明确、具体。不论是申请鉴定权利人主张的技术秘密属于秘密状态，还是鉴定被告所用技术与原告技术秘密实质性相同，都要首先明确鉴定的技术信息范围。防止出现当事人否认鉴定内容范围有误，致使鉴定结论无法使用的情形。

（2）鉴定内容仅涉及事实判断，不涉及法律判断。鉴定内容仅涉及争议事实，是否构成技术秘密、被告是否侵犯了原告的技术秘密等属于法律判断，不应列入鉴定范畴。需要事先与鉴定机构充分沟通鉴定内容及鉴定事项，防止进行无意义的鉴定，或者所委托的事项不属于可鉴定内容。

（3）检材由双方当事人确认。检材作为技术信息的载体，一定程度上影响鉴定内容的范围以及鉴定结果的可采性。诉讼中，尽量使用当事人共同确认的检材进行鉴定，当然，不排除一些情况下，一方对另一方提供的检材提出质疑,甚至不同意用于鉴定。比如,原告主张其享有一项喷墨打印墨盒用墨水的配方技术,被告的墨水是在非法取得其墨水配方技术基础上生产的。原告申请对被告墨水配方进行鉴定。原告提交了其自己的墨水配方以及从市场上购买到的被告墨水,并主张这两项检材可以用于配方技术鉴定。被告同意原告从市场上购买到的被告墨水作为检材,但反对将原告自己提供的墨水配方作为权利技术检材,理由为不确定原告在诉讼中提交的墨水配方是否实际早于被告墨水生产时间,故被告仅同意从公开市场上取得早于被告墨水生产日期的原告墨水作为对比检材。

当双方对用于鉴定的检材发生分歧时,法院会综合考虑鉴定目的、检材的实际情况、反对方理由的合理性等因素决定检材能否用于鉴定,除非反对方的理由成立,否则一方当事人反对不代表无法推进鉴定程序,也不意味着必然影响法院最终采纳鉴定结果。

(4)鉴定过程防止二次泄密。由于检材在送交鉴定前必须交由双方质证并予以确定,当事人应当对自己的商业秘密在满足诉讼需要的情况下采取物理隔离等措施,防止对方取得己方除涉案商业秘密以外的其他商业秘密,也可以申请法院在质证、鉴定等环节中要求对方参与人员作出保密承诺。后者包括:要求双方当事人及其代理人签订保密协议,释明泄密的法律责任;对于涉及技术秘密的核心证据,可要求对方当事人在法庭现场核对,不得将材料复印或取走等。

(5)谨慎选择鉴定机构。当事人有权选择鉴定机构,但最终由法院确定是否选用当事人选择的鉴定机构。在实践中，多数案件当事人因为立场分歧不可调和，能协商一致选择鉴定机构的概率也较低。所以，部分案件由法院直接从有鉴定资质的机构中指定。另外也有法官希望最大程度调动当事人积极性，就设置一定的规则由当事人选择鉴定机构，比如让当事人各自选择10家有资质的鉴定机构并排序，当事人所选机构重合的，确定排序优先的鉴定机构。由于启动鉴定程序通常由申请人预付鉴定费用，商业秘密纠纷案件涉及的鉴定事项相对复杂，能否形成鉴定结果、是否需要重新鉴定、鉴定结论是否符合鉴定要求都不可知。因此，不论是当事人协商选择，还是由法院指定鉴定机构，申请人都可以主动咨询了解鉴定机构的基本情况，尽量排除缺乏鉴定资质或不具备鉴定条件等的鉴定机构。

（6）认真对待鉴定结果。鉴定结果形成后，当事人若对鉴定过程、鉴定结果有异议，可以申请法院通知鉴定人出庭解释说明。这是当事人的一项民事诉讼权利。《民事诉讼法》第78条、第79条规定，经法院通知，鉴定人拒不出庭作证的，鉴定意见不得作为认定事实的根据；支付鉴定费用的当事人可以要求返还鉴定费用。同时，当事人若缺乏质证能力，可以向法院申请专家辅助人出庭，由专家辅助人就鉴定人作出的鉴定意见提出意见。

（四）举证

民事诉讼中，当事人应对自己的主张承担举证责任，若无法举证或提交的证据难以达到证明目的，则可能面临举证不能的后果。《反不正当竞争法》第 32 条专门规定了侵犯商业秘密案件的举证责任分配规则：原告的举证责任重点在于证明自己为商业秘密权利人、被告侵权使用其商业秘密，以及损害赔偿相关的证据。大部分原告诉求被驳回的侵犯商业秘密案件是因为原告无法举证证明其持有商业秘密。这项举证责任包括两层含义，一是原告应证明商业秘密存在，二是原告应证明其为商业秘密权利人。

与著作权、商标权、专利权等以公开为主的权利不同，商业秘密作为一项依靠权利人私力保密措施保护的财产，在被不当泄密前，仅由权利人及权利人许可的少数人知悉。因此，一旦发生诉讼纠纷，原告证明其为商业秘密权利人，必然需要提交足以达到证明效力的证据方可。

同时，原告还应举证证明被告非法获取或使用其商业秘密，此部分证据大多通过被告向第三方提供产品或服务来体现，原告可以借助从公开市场上取得的商品或服务，或者从第三方处取得相关证据。

当然，被告对原告举证证明内容予以否认的，除了指出原告证据中的逻辑矛盾、瑕疵问题等外，还可以通过提交反驳证据支持自己的抗辩主张。下文介绍的相关实体问题，往往与当事人举证密不可分。

（五）不公开审理

涉及商业秘密的案件，为了防止二次泄密，法律专门规定可以不公开审理。

《民事诉讼法》第 134 条第 2 款规定："涉及商业秘密

的案件,当事人申请不公开审理的,可以不公开审理"。第68条规定:"对涉及国家秘密、商业秘密和个人隐私的证据应当保密,需要在法庭出示的,不得在公开开庭时出示"。关于不公开审理在《中华人民共和国刑事诉讼法》(简称《刑事诉讼法》)中也作了类似规定。

当然,即便涉及商业秘密,当事人既然将之作为证据提交,就要允许对方核对证据并发表质证意见,所以,这些证据的互相交换、质证需要通过限制特定人员参加的不公开程序进行。2020年4月发布的《北京市高级人民法院关于侵害知识产权及不正当竞争案件确定损害赔偿的指导意见及法定赔偿的裁判标准》中关于赔偿证据涉及商业秘密时,对保密方法提供了建议,如法院"经审查需要保密的,可以责令对方当事人及其诉讼代理人签署保密承诺书,并采取适当措施限定质证的范围和方式"。

二、实体问题

司法实践中,侵犯商业秘密案件的侵权判定思路一般由以下几步组成:一是判断原告主张的信息是否属于商业秘密;二是判断原告是否享有该商业秘密的合法权益;三是被告是否属于《反不正当竞争法》规定的侵犯商业秘密的行为主体;四是被诉行为是否构成侵犯原告商业秘密及相应的法律责任。这四步都离不开原告举证,而被告在任何一步提交反证且被采纳,都可能使原告主张难以得到法院支持。

（一）商业秘密存在

1. 商业秘密的内容

侵权案件中，法院首要审查的内容是被侵害的权利或权益是否存在。侵犯商业秘密案件中，在审查原告是否对商业秘密享有权益之前，还要审查商业秘密是否存在这个基础问题，也可以称之为确定秘密点。即使商业秘密确实客观存在，也属于一项诉讼中的待证事实，原告对此也应完成举证义务。例如，一得阁工贸中心与传人公司、高某侵犯商业秘密纠纷一案中[1]，原告在诉讼中要求保护其四种墨汁的配方和生产工艺。但原告出于种种考虑，未向法院提交其核心的、主要的生产工艺流程，法院无法判断其是否符合商业秘密的构成要件，最终未支持原告要求保护四种墨汁的生产工艺流程的请求。

实践中，之所以出现商业秘密案件"判决少，撤诉多，原告败诉多"的现象，除了有原告顾忌其商业秘密可能进一步泄露而不愿举证外，很大程度上与原告的诉讼策略和诉讼技巧有关。诉讼中，原告主张的商业秘密内容应尽量明确具体。一般情况下，围绕商业秘密的核心秘密点主张商业秘密，将秘密点范围限缩得越小、越准确、越具体，权利人的举证负担越轻；反之，不仅会加重权利人的举证负担，而且可能因为将不属于商业秘密的部分纳入其中，

---

[1] 参见北京市第一中级人民法院（2003）一中民初字第9031号民事判决书。

或者诉讼请求不明确而不被法院支持。

例如，在华路讯公司与美之景公司等侵犯著作权、商业秘密及不正当竞争纠纷一案中❶，原告向法院明确被告侵犯商业秘密及不正当竞争行为有：（1）被告潘某等人违反与原告所签订的保密协议中关于竞业限制的规定，在原告工作期间担任美之景公司股东和主要经营人员，从事与原告完全相竞争的经营活动；（2）美之景公司派遣其办公室主任杨某到原告公司担任工作人员，获取原告技术秘密，全部存放于杨某电脑中；（3）被告利用原告的办公场所、通信方式、设备设施欺骗北京市通信管理局以申请ICP备案。

法院认为，原告虽在诉讼中多次对其主张的权利范围进行了限定，但这些限定所涉及的权利，从其性质上看，不仅有软件著作权，而且有商业秘密；从其涉及的权利客体上看，不仅有已经明确著作权权属的软件，而且有尚存在著作权权属争议的软件；从其涉及的权利客体数量上来看，至少涉及五个软件。由于原告诉讼请求混乱，无法确定具体权利标的，法院最终未支持原告主张。

2. 秘密性与保密措施

要证明商业秘密存在，秘密性要件在商业秘密构成要件审查中处于核心地位。商业秘密之所以可作为一项财产权的客体，恰在于其秘密性。如何判断秘密性，与原告对

---

❶ 参见北京市第一中级人民法院（2003）一中民初字第2328号民事判决书。

之采取的保密措施不无关系。"在一定意义上，保密措施似乎可以看作技术信息不为相关公众所知悉这一内涵的延伸，秘密性要件在一定程度上也包含了必须具备合理保密措施这一条件。"❶ 保密措施的有效与否应与秘密性要求相当。比如，使用加密数据库的形式保护客户信息、通过岗位权限设置确保新技术知悉人员范围等一般都认为是恰当合适的保密措施。若相关技术秘密仅通过与自己员工订立保密协议约束，对于使用该技术秘密生产的商品对外销售时未对商业秘密采取物理隔绝措施，也未对买家有保密要求，则此类保密措施可能无法被认定为有效措施。

例如，东昭公司与金亚中心、王某侵犯商业秘密一案❷中，东昭公司因为有学员退款并表示要到竞争对手金亚中心继续学习，故起诉金亚中心及其前教师王某侵犯商业秘密，至于商业秘密的内容，东昭公司主张为该学员的《学生签课表》，该表中包括了学员姓名、上课时间、联系电话、交费日期、总课时等。东昭公司认可其未对该签课表采取保密措施。法院认为，签课表中信息无须付出一定的代价即可获得，不具有秘密性，且东昭公司认可其未对该信息采取保密措施，故不具备商业秘密的构成要件，最终驳回了东昭公司的诉讼请求。

3. 保密措施的有效性

是否采取保密措施与所采取保密措施是否有效是两个

---

❶ 顾韬. 关于侵害技术秘密纠纷案件审理思路及方法的探讨 [J]. 电子知识产权，2015（12）：12 – 21.

❷ 参见北京市朝阳区人民法院（2019）京 0101 民初 1532 号民事判决。

层面的问题。尽管法律要求权利人要对商业秘密采取保密措施，但不意味着保密措施效力的绝对性。原因在于法律导向不是要求权利人追求保密措施的完美效果，而是防止他人不当获取并使用商业秘密，特别是恶意侵权行为。诉讼中，法院一般从相关公众或普通技术人员的角度判断保密措施的有效性，不会苛求保密措施的效力。

《北京市高级人民法院关于审理反不正当竞争案件几个问题的解答（试行）》规定，保密措施要件要求权利人必须对其主张权利的信息对内对外均采取了保密措施；所采取的保密措施明确、具体地规定了信息的范围；措施是适当的、合理的，不要求必须万无一失。司法实践中，如何判断权利人所采取的措施具有"合理性"和"适当性"往往是焦点问题。格式化的劳动合同或保密协议对保密事项范围的规定往往较为宽泛及笼统，缺乏具体及明确的内容，能否据此认定权利人采取了合理的保密措施，在实践中争议较大。在麦格昆磁公司与夏某、瑞泰公司侵犯技术秘密纠纷一案[1]中，原告提交的据以主张技术秘密的图纸上加盖有"保密"印章，并对相关技术资料进行了保密存档；在《员工保密和知识产权协议》《员工手册》中均有对保密事项的约定；在与员工签订的《和解和相互豁免协议》中也进行了保密约定。该案中，原告同时采取了"在涉密信息的载体上标有保密标志"及"签订保密协议"两种保密措

---

[1] 参见江苏省苏州市中级人民法院（2013）苏知民终字第159号民事判决书。

施，法院据此认定其对涉案技术信息采取了合理的保密措施。

此外，即便公司对自己的商业秘密采取的保密措施不够完善，但有一类主体负有法定的保密义务，即《公司法》规定的公司董事、监事等高级管理人员，这些人员在任职期间，即便未与公司订立保密协议，也有义务为公司保守秘密。

(二) 商业秘密归属

侵犯商业秘密案件中，原告除了要证明其所主张的商业秘密存在外，还应证明其享有商业秘密的合法权益。要证明原告与商业秘密的关系，原告需要提交相关秘密产生的背景资料、项目文件等证据，这类证据因个案秘密不同而各有差异。《最高人民法院关于审理不正当竞争民事案件应用法律若干问题的解释》第15条规定独占使用许可、排他使用许可和普通使用许可的商业秘密权利人有权作为原告起诉。因此，对商业秘密享有合法权益的经营者，对他人侵犯其权益范围内的侵权行为可以维权起诉。

实践中，商业秘密权属发生争议还容易出现在与商业秘密相关的经营者存在多个关联主体的案件中。由于这些关联企业在经营活动中共同投入、共同获得、共同维护商业秘密，故原告的权利状态是诉讼中重点审查的内容。

由于商业秘密的泄露往往与员工离职有关，出于举证方便的考虑，实践中作为原告来起诉的大多是与离职员工签订有劳动合同及保密协议的单位，既有可能是总公司，也有可能是分公司、子公司或者其他关联企业。例如，在睿剑公司与皮某、迪原公司侵犯商业秘密纠纷一案❶中，原告是由在香港注册成立的睿剑软件公司在北京设立的全资子公司。睿剑软件公司与 TJIP BV 签订《独立承包服务协议》，约定睿剑软件公司为 TJIP BV 提供软件质量测试与保障服务，但该协议中服务的实际提供方为原告。皮某原系原告的测试工程师和项目主管，负责 TJIP BV 项目的测试服务，离职后到迪原公司就职。诉讼中，二被告均认为，原告本身并没有与 TJIP BV 建立合作关系，其作为原告主体不适格。法院认为，睿剑软件公司与原告之间系母子公司关系，虽然是两个独立的法人主体，但其经济利益亦相互关联，且睿剑软件公司授权原告单独解决与 TJIP BV 有关的纠纷，故原告有权以自己的名义提起本案诉讼。

此类案件中，法院一般会通过考察原告与商业秘密的关系，包括是否参与研发、投入成本、实际运用以及收益分配等多项因素，判断原告是否有权作为商业秘密权利人提起诉讼。

（三）侵权主体的范围

《反不正当竞争法》对侵犯商业秘密主体的规范随着近年来的两次修订有所扩展。1993 年颁布施行的《反不正当竞争法》和 2017 年修订的《反不正当竞争法》主要规定了

---

❶ 参见北京市朝阳区人民法院（2015）朝民（知）初字第 35030 号民事判决书。

经营者不得实施的侵犯商业秘密行为，2019 年修正后的《反不正当竞争法》在侵犯商业秘密行为一条中新增了第 2 款，"经营者以外的其他自然人、法人和非法人组织实施前款所列违法行为的，视为侵犯商业秘密。"

美国东部时间 2020 年 1 月 15 日签署的《中华人民共和国政府和美利坚合众国政府经济贸易协议》第 1.3 条"侵犯商业秘密责任人的范围"中专门规定了"应确保所有自然人和法人均可承担侵犯商业秘密的法律责任"，我国也承诺将侵犯商业秘密的"经营者"定义为包括所有自然人、组织和法人。

事实上，即便在适用 1993 年《反不正当竞争法》时，也不排除企业员工、前员工承担侵犯商业秘密的责任，这从历年来大量案件均判决员工承担侵权责任可见一斑。

对此，有观点解释，被告虽然是原告的员工或前员工，但其在违法获取原告的商业秘密或违反保密约定后，将商业秘密用于自己的生产经营活动，对于这种情形，员工、前员工的身份实际已经转换成了经营者，不再是单纯的员工、前员工身份，此时他们应属于"经营者"范畴。例如，在派诺特贸易公司与派若特上海公司、仇某侵害商标权及不正当竞争纠纷一案❶中，仇某既为派诺特贸易公司的员工，同时又是派若特上海公司的实际控制人，在代表派诺特贸易公司与案外人进行商谈并获得派诺特贸易公司的商

---

❶ 参见上海市浦东新区人民法院（2013）浦民三（知）初字第 483 号民事判决书。

业秘密后交由派若特上海公司使用。仇某虽然是派诺特贸易公司的员工，但是其对所获取的商业秘密的使用，已经使其身份发生了变化，成了"经营者"。

本书认为更合理的解释，不宜将《反不正当竞争法》中的"经营者"仅从组织形式上进行界定，而应从其行为性质的经营性上进行界定。《反不正当竞争法》释义中，关于经营者，是指独立参与市场活动的各类主体，从主体性质上看包括自然人、法人和非法人组织，从营业性质上看包括生产者、经销者和服务提供者。判断一个主体是否属于法律规定的经营者，关键在于是否作为法律和经营上独立的行为主体参与市场活动，而不在于组织形式。❶ 因此，不仅侵犯商业秘密的不正当竞争行为可能涉及自然人，其他不正当竞争行为，比如商业诋毁、虚假宣传等，只要该自然人属于参与市场经济活动的独立主体，那么同样可能构成不正当竞争。

(四) 侵权信息和商业秘密的比对

实践中，"接触+实质相同"是认定构成侵犯商业秘密的一般原则。对原告而言，要证明被告曾经接触过原告的商业秘密相对容易，而要证明被告所用信息与原告的商业秘密相同或实质性相同就存在一定难度。特别是涉及技术秘密案件，判断信息一致性的比对工作往往需要交给专业

---

❶ 王瑞贺. 中华人民共和国反不正当竞争法释义 [M]. 北京：法律出版社，2018：7.

的鉴定机构。

1. 技术秘密的比对

技术秘密作为一类复杂的商业秘密，其可以是一项完整的技术方案，也可以是完整技术方案中的一个或若干个相对独立或共同作用的技术要点。在侵犯技术秘密的案件中，需要首先确定原告所主张技术秘密的秘密点，再固定原告所主张的被告侵权的信息，进而对被告所使用的信息与该秘密点进行比对，最终根据比对结果判断侵权与否。比对技术信息相同与否，需要根据相关技术信息的具体内容，从当事人各自实施相关技术信息所采用的手段、相关技术信息所实现的功能、达到的效果等方面进行综合分析。

例如，在圣莱科特集团、圣莱科特公司诉华奇公司、徐某侵犯商业秘密一案❶中，二原告主张其被侵权的技术信息包含20个秘密点，体现在华奇公司申请名称为"烷基酚热塑树脂生产的改进工艺"的发明专利（简称"涉案树脂专利"）申请说明书中。同时，二原告申请法院进行下列技术鉴定：第一，二原告在本案中主张的涉案商业秘密是否属于不为公众所知悉的技术信息；第二，华奇公司生产SL-1801产品的生产流程、生产工艺以及参数、生产配方、原料规格、生产设备及技术参数等技术信息中，是否存在与二原告在本案中主张的涉案商业秘密相同或者实质相同

---

❶ 参见上海市高级人民法院（2013）沪高民三（知）终字第93号民事判决书。

的技术信息;第三,华奇公司涉案树脂专利申请公布说明书中,是否存在与二原告在本案中主张的涉案商业秘密相同或者实质相同的技术信息;第四,华奇公司生产的SL-1801产品所使用的技术信息是否由其自主研发。

一审法院委托鉴定机构对二原告申请的上述技术问题进行鉴定。鉴定意见书对于事项一的结论为,二原告主张的部分秘密点属于非公知技术信息,其余秘密点属于公知技术信息;对于事项二、三的结论为,华奇公司生产SL-1801产品所使用的技术信息,以及涉案树脂专利申请说明书中存在与二原告主张的部分秘密点相同或实质相同的技术信息;鉴定专家组通过对相关鉴定材料及现场勘验、技术听证会中华奇公司的陈述等进行分析,对于事项四的结论为,华奇公司提供的自主研发材料显示了华奇公司SL-1801产品的研发过程。

法院最终认定涉案树脂专利申请说明书不存在属于二原告技术秘密的秘密点,二被告未侵犯二原告的商业秘密。

鉴定程序及结果仅是为了辅助查明争议事实,对于鉴定结果如何用于认定当事人的法律责任,则是需要当事人对鉴定结论进行质证,由法院考虑全案证据综合判断的结果。

2. 经营秘密的比对

在判断被告使用的经营信息是否为原告的经营秘密时,同样需要对二者进行比对,由于此类信息通常不涉及技术问题,一般不需要委托鉴定,而是直接根据证据规则作出相应的判断。在比对经营信息时,一般从信息核心部分的形成过程、信息的相似程度等方面进行考量。如果原告主张的经营秘密成立，且前述方面均相同，而被告无法对其所用信息的来源作出合理解释，则法院一般会认定被告所使用的信息即为权利人主张的经营秘密。与技术秘密比对相同，在判断被告是否使用了权利人的经营秘密时，并不要求其使用全部的经营秘密，只要使用了主要或核心内容即可，因此，被告即使提出相关信息存在细微差异，一般也不会影响最终认定结论。

（五）侵犯商业秘密的抗辩

上一节中已经简要介绍了侵权判定中的排除有效抗辩问题。被告抗辩的理由可以针对前述实体问题的任何一个环节，如否认原告主张的商业信息具有秘密性，主张原告未采取保密措施；即使商业秘密存在，原告与该商业秘密无关，不享有该秘密的合法权益等，由于是对前述问题的反驳意见，此处不再展开。下面介绍两项典型的侵权抗辩：

1. 反向工程

《最高人民法院关于审理不正当竞争民事案件应用法律若干问题的解释》第12条规定："通过自行开发研制或者反向工程等方式获得的商业秘密，不认定为反不正当竞争法第十条第（一）、（二）项[1]规定的侵犯商业秘密行为。前款所称'反向工程'，是指通过技术手段对从公开渠道取

---

[1] 《反不正当竞争法》第9条第1款第（1）项、第（2）项。

得的产品进行拆卸、测绘、分析等而获得该产品的有关技术信息。当事人以不正当手段知悉了他人的商业秘密之后，又以反向工程为由主张获取行为合法的，不予支持。"

商业秘密构成要件中，秘密性要件的判断并不采用绝对标准，而是采用相对性标准，类似于著作权领域的"创作耦合"现象，不同的创作者分别创作出表达近似的作品，可分别享有著作权。在未发生违法行为的情况下，同一商业秘密也可为不同权利人同时合法拥有，也可以分别受到法律保护。法律限制或禁止的是违法行为本身，而不限制合法行为结果的耦合性。允许"反向工程"，也就意味着允许不同经营者持有相同的商业秘密，同业竞争者或者该领域的相关人员可以通过合法购买产品并通过反向工程合法获知他人的商业秘密。而如果拥有相同商业秘密的市场主体达到一定数量，或他人通过反向工程获知其商业秘密后，该商业秘密即可能被所属领域相关人员所普遍知悉，此时商业秘密即不再符合"不为其所属领域的相关人员普遍知悉和容易获得"的状态。❶ 因此，此种状态下权利人信息丧失秘密性，不属于受法律保护的商业秘密。

法律规定反向工程抗辩的效力，并不意味着此项抗辩能成为侵犯商业秘密案件中被告的常用抗辩，原因在于被告对于此项抗辩还需要同时举证证明其反向工程的实施情况，被告能作此举证的案件极其罕见。

---

❶ 王静. 论软件以商业秘密进行保护的法定要件：兼评软件源程序及文档之商业秘密行政处罚上诉案 [J]. 电子知识产权, 2018 (4): 92-98.

2. 个人信赖

《最高人民法院关于审理不正当竞争民事案件应用法律若干问题的解释》第 13 条第 2 款规定："客户基于对职工个人的信赖而与职工所在单位进行市场交易，该职工离职后，能够证明客户自愿选择与自己或者其新单位进行市场交易的，应当认定没有采用不正当手段，但职工与原单位另有约定的除外。"

此规定的立法初衷在于，诸如律师、医生这类职业的特殊性，其客户往往是基于对律师、医生个人能力和品德的信赖，导致客户流动性很强，如果他们离开原单位，其原先的客户不能再与其有业务往来，有失公平。❶ 这也体现了司法在保护商业秘密权利人利益与保护劳动者的择业自由之间的平衡考量。此种平衡有一个例外，即可以通过企业与员工的约定排除个人信赖。显然，这体现了企业与员工之间谈判能力的强弱。

个人信赖问题通常出现在侵犯经营秘密案件中与客户信息相关的经营秘密使用中。在司法实践中，如何证明被告所用信息与相关人员的个人信赖有关，是举证难点。有些案件中，被告以个人信赖抗辩，同时提交了书面证人证言，但若证人不出庭，此类证言的效力非常低，往往无法被采纳。❷

---

❶ 蒋志培，孔祥俊，王永昌.《关于审理不正当竞争民事案件应用法律若干问题的解释》的理解与适用 [J]. 法律适用, 2007（3）：26-33.
❷ 参见福建省高级人民法院（2017）闽民终 1140 号民事判决书。

在密友公司与强迪公司、徐某等侵犯商业秘密一案❶中，一审法院认为，根据本案查明事实，粉碎机交易过程中业务员跟客户联系之后还要跟客户交流了解客户的产品特性，甚至还要去客户现场确认并设计方案、谈判价格，由此可见业务员在其中起到极为重要的作用，客户对业务员个人能力的认可和信赖往往是发生、维持交易的重要因素，而徐某在密友公司工作期间，密友公司的多家合作企业已经建立起了对徐某个人能力的信赖，而上述公司在2018年期间与强迪公司签订的粉碎机配件更换或买卖合同中所载明的上述公司与强迪公司的业务均因信任徐某而发生，则明确表明徐某从密友公司离职后，上述公司自愿选择与徐某所在的强迪公司进行交易，故强迪公司就上述三家公司的个人信赖抗辩成立，强迪公司与相关公司的交易行为不侵犯密友公司的涉案商业秘密。二审判决对此部分认定予以维持。

上案是适用个人信赖规则的典型案件，对于被告而言，要证明其与原告曾经的客户合作系基于对原告离职员工的个人信赖并非易事：一方面，与客户合作过程中，员工个人的作用、角色对于业务合作有重要意义，甚至有一定的依赖性；另一方面，相关客户能主动明确其选择被告单位合作系基于对特定员工的个人信赖。在二者皆满足的情况下，原告于客户信息的相关权益则需要让位于自然人择业自由以及客户选择合作方的自由。

---

❶ 参见江苏省高级人民法院（2019）苏民终1629号民事判决书。

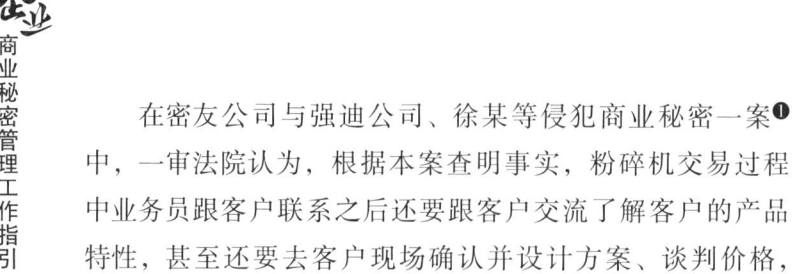

第三节　刑事司法案件

针对部分严重侵犯商业秘密的行为，商业秘密权利人往往希望通过刑事手段有效打击侵权。虽然刑事诉讼与民事诉讼功能、程序及相关规则差异较大，但对于商业秘密的认定、侵犯商业秘密行为实体的认定规则并无本质差异。本章第一节已经对侵犯商业秘密罪的犯罪构成要件、刑事责任作了简要介绍，下文将具体梳理刑事司法案件中特有的程序问题和实体问题。

一、程序问题

（一）管辖

1. 职能管辖

《刑事诉讼法》第 19 条规定了刑事案件的职能管辖，亦可以理解为刑事案件按照启动主体职能的不同分为公诉案件和自诉案件。公诉案件一般由公安机关侦查、检察院审查决定后提起公诉，再由法院依法裁判。自诉案件直接由法院受理。

按照《最高人民法院、最高人民检察院关于办理侵犯知识产权刑事案件具体应用法律若干问题的解释（二）》第 5 条的规定，被害人有证据证明的侵犯知识产权刑事案件，直接向人民法院起诉的，人民法院应当依法受理；严重危害社会秩序和国家利益的侵犯知识产权刑事案件，由人民检察院依法提起公诉。此后，于 2013 年 1 月 1 日实施的《最高人民法院关于适用〈中华人民共和国刑事诉讼法〉的解释》第 1 条列举的法院可直接受理的自诉案件中包括侵犯知识产权案件（严重危害社会秩序和国家利益的除外）。可见，侵犯商业秘密罪的追诉方式，可以是公诉，也可以是自诉。

例如，在自诉人威富通公司以周某为被告人因涉嫌侵犯商业秘密罪提起控诉的案件[1]中，一审法院认为，深圳市福田区人民检察院于 2017 年 10 月 27 日作出深福检刑不诉〔2017〕396 号《不起诉决定书》认定周某的行为犯罪情节轻微，具有认罪、悔罪等情节，已经对被害人进行赔偿，被害人对其表示谅解，决定对周某不起诉。因此，自诉人提出的控诉缺乏罪证，不符合侵犯商业秘密罪的受理要件。自诉人坚持起诉的，应依法不予受理。故依照《刑事诉讼法》第 204 条、《最高人民法院关于适用〈中华人民共和国刑事诉讼法〉的解释》第 1 条和第 259 条之规定，裁定对自诉人威富通公司的起诉，不予受理。

威富通公司不服上诉。二审法院认为，人民检察院不起诉，被害人有证据证明的侵犯知识产权刑事案件，可以直接向人民法院起诉。《最高人民法院关于适用〈中华人民共和国刑事诉讼法〉的解释》第 263 条虽然规定，缺乏罪

---

[1] 参见广东省深圳市中级人民法院（2018）粤 03 刑终 2390 号刑事裁定书。

证的，应当说服自诉人撤回起诉；自诉人不撤回起诉的，裁定不予受理，但该"缺乏罪证"系指自诉人无任何证据或所提交证据明显不能证明所指控被告人构成犯罪的情形，并非要求自诉人在提起自诉时就必须提交证据完全证明被告人确已构成犯罪。深福检刑不诉〔2017〕396号《不起诉决定书》显示，本案通过公安立案侦查，已经取得初步证据，证明周某涉嫌犯侵犯商业秘密罪。原审法院在没有进行实质审查的情况下即裁定对上诉人的起诉不予受理，不符合《刑事诉讼法》及其司法解释的规定，故裁定撤销一审裁定，指令一审法院立案受理。

这是一起典型的公诉转自诉的案件，虽经公安机关侦查，但检察院审查后认为不符合提起公诉条件，决定不起诉。这并不影响被害人将此前公安机关等侦办期间取得的证据作为自诉证据使用并直接向法院起诉，法院在审查符合立案条件后应当立案。

当然，查询现有公开的裁判文书，自诉人通过刑事自诉方式成功追究他人侵犯商业秘密罪的案例极其罕见，原因主要集中在自诉人提交的证据一般难以符合刑事诉讼证据要求，从而无法认定构成犯罪。下文将进一步介绍刑事证据问题。

2. 地域管辖

侵犯商业秘密罪案件的地域管辖原则类似于民事诉讼中侵权案件管辖的侵权行为地原则。《刑事诉讼法》第25条规定，"刑事案件由犯罪地的人民法院管辖。如果由被告人居住地的人民法院审判更为适宜的，可以由被告人居住地的人民法院管辖。"最高人民法院、最高人民检察院、公安部、国家安全部、司法部、全国人大常委会法制工作委员会六部委于 2013 年发布的《关于实施刑事诉讼法若干问题的规定》第 2 条对前述第 25 条进一步规定为"刑事案件由犯罪地的人民法院管辖。犯罪地包括犯罪的行为发生地和结果发生地"。

立案侦查活动由有管辖权的人民法院相对应管辖区域的公安机关进行。公安部 2013 年 1 月 1 日实施的《公安机关办理刑事案件程序规定》第 21 条明确了公安机关办理刑事案件的属地管辖原则,"县级公安机关负责侦查发生在本辖区内的刑事案件。设区的市一级以上公安机关负责重大的危害国家安全犯罪、恐怖活动犯罪、涉外犯罪、经济犯罪、集团犯罪案件的侦查。"这些规范性文件对于刑事案件管辖的相关规定强调了适用犯罪行为发生地和结果发生地管辖原则。

面对近年来网络犯罪日益突出的情况,《刑事诉讼法司法解释》第 2 条中专门规定了针对或利用计算机网络实施的犯罪,犯罪地包括犯罪行为发生地的网站服务器所在地,网络接入地,网站建立者、管理者所在地,被侵害的计算机信息系统及其管理者所在地,被告人、被害人使用的计算机信息系统所在地,以及被害人财产遭受损失地。上述管辖连接点几乎包括了与网络犯罪行为相关的所有地点,最大程度便利追究并惩治犯罪行为人。

刑事案件关于地域管辖的划分,也意味着被害人应尽量选择有管辖权的公安机关报案,为快速高效立案侦查犯罪行为创造条件。在司法实践中，如果由被告人居住地人民法院审判更为适宜的，可以由被告人居住地人民法院管辖。所谓"更为适宜"的情况，通常有以下几种：一是主要犯罪地难以确定，而居住地群众更了解其犯罪情况的；二是案件发生在多地区交接处，犯罪地管辖境界不明，难以确认管辖法院的；三是被告人犯罪在居住地引起民愤更大，当地群众要求在其居住地审判的等。

例如，甲在 A 市乙公司工作期间，窃取了乙公司的重要保密技术信息。后甲在 B 市与他人合作，利用所窃取的技术信息研发同类产品，并将产品在 C 市销售。销售过程中，甲在自己住所地 D 市开立银行账户，让客户将货款直接打入该账户，后其在 D 市通过银行取现方式收取货款。在该案中，A、B、C、D 市均可认定为犯罪地，四地司法机关对该案均具有管辖权。

（二）报案

对于侵犯商业秘密罪，包括受害人在内的任何单位和个人发现犯罪事实或者犯罪嫌疑人，有权利也有义务向公安机关报案。商业秘密权利人若发现有人实施侵犯其商业秘密的行为，且情节较为严重的，可以向侵权行为地的公安机关报案。

《刑事诉讼法》第 112 条、《公安机关办理刑事案件程序规定》第 162 条规定了公安机关的立案条件，可以概括为以下三点：

（1）有犯罪事实，即已有证据证明犯罪事实已客观存在，而非毫无根据的主观臆测。

（2）需要追究刑事责任，即犯罪嫌疑人的犯罪行为应当受到刑罚处罚。虽有违法行为，但不构成犯罪或虽然行为符合犯罪行为特征，但行为人不应当负刑事责任的，不予刑事立案。

（3）有管辖权，公安机关只能管辖法律规定的属于自己管辖的案件，对于不属于自己管辖的案件应当移送有权机关立案侦查或依法处理。

只有符合上述条件，公安机关才会立案受理。因此，权利人及相关人员在向公安机关报案时，需要提供必要的证据材料，证明有犯罪事实的存在。根据侵犯商业秘密罪的构成特点，报案材料应尽量涵盖以下五方面：

第一，商业秘密客观存在的证明。包括商业秘密的类型、名称及内容，商业秘密的非公知性证明，如权利人已采取保密措施的证明、相关信息的非公知性鉴定等；商业秘密的实用性证明，如产品销售记录、价值鉴定材料等。

第二，商业秘密权属关系的证明。包括权利人的名称、住所及联系方式；商业秘密的研发、创制过程证明材料，如项目立项书、研发证明、制作人证言等。

第三，侵权事实存在的证明。包括证明犯罪嫌疑人有条件获取权利人商业秘密的材料、证明犯罪嫌疑人披露或使用权利人商业秘密的材料、证明权利人因侵权行为遭受重大经济损失的材料。

第四，犯罪嫌疑人的相关情况。报案人在能够确定嫌疑人的情况下，应尽量向公安机关提供犯罪嫌疑人的姓名、所在单位、住址等信息。

第五，其他与证明案件事实有关的材料。如刑事立案前进行民事诉讼的相关判决、材料等。

当然，在立案前并不要求报案人提供全面而完备的证据材料，但提供尽可能翔实、充分的报案材料，可以帮助侦查机关尽快查获犯罪嫌疑人、查明案件真相、缩短诉讼周期，从而减少权利人因侵权行为所遭受的损失。

(三) 审查起诉

审查起诉，是指人民检察院对公安机关侦查终结移送起诉的案件和自行侦查终结的案件进行审查，核实犯罪事实和证据、犯罪性质和罪名是否适当，并依法决定是否对犯罪嫌疑人提起公诉、不起诉或者撤销案件的诉讼活动。

权利人在审查起诉过程中的活动包括配合检察机关的补充侦查、做好刑事附带民事诉讼的准备工作、做好出庭作证的准备工作。

补充侦查往往针对原有案件材料中事实不清、证据不足的部分开展工作。补充侦查的结果对于认定犯罪嫌疑人是否构成犯罪以及量刑轻重往往具有重要意义。《刑事诉讼法》第175条明确规定了"补充侦查"的相关内容，同时，最高人民检察院于2013年施行的《人民检察院刑事诉讼规则（试行）》第377~385条，公安部于2013年实施的《公安机关办理刑事案件程序规定》第284~286条都体现在审查起诉阶段的补充侦查以及公安机关在必要情况下进一步收集提供证据的相关规定中。

在此过程中，商业秘密权利人及其所在企业应积极配合检察院、公安机关补充侦查以及证据收集工作，保证补充侦查活动的顺利进行。

(四) 证据

侵犯商业秘密刑事案件中，办案机关在依法办案过程中，重点是按照犯罪构成要件依照法定程序取得或审查证据，并依法作出裁判。常见的刑事证据涉及证人证言、被害人陈述、犯罪嫌疑人自己的供述和辩解、鉴定意见等，以下重点介绍与商业秘密权利人密切相关的四类证据。

1. 被害人陈述

被害人陈述一般是刑事案件启动的最初因素。主要体现为案发情况、被害人报案情况、商业秘密内容、秘密点、载体、形成过程等与商业秘密相关的信息。商业秘密权利人往往是被害人，其陈述清晰、准确往往有助于办案机关高效处理案件。

2. 物证、书证

商业秘密载体、包含商业秘密的侵权商品、保密协议、招投标文件等都属于物证、书证范畴。此类证据证明效力较高，也是许多商业秘密刑事案件中必不可少的证据。当然，前述证据中，相当部分都需要商业秘密权利人准备并提交。

3. 证人证言

侵犯商业秘密案件中，特别是被告人属于商业秘密权利人的离职员工时，为证明该被告人明知商业秘密存在，仍然盗窃、非法披露或以不正当手段获取商业秘密的，可以通过与犯罪嫌疑人有交集的员工、合作单位的销售人员等提供证言，陈述相关事实。

4. 鉴定意见

鉴定意见在侵犯商业秘密的刑事案件中有非常重要的作用，主要涉及三类鉴定：

（1）商业秘密存在鉴定。此类鉴定帮助办案人员确定商业秘密是什么以及秘密点如何体现等基础问题。

（2）被告人（犯罪嫌疑人）所用信息与被害人商业秘密"同一性"的鉴定。此类鉴定是确定犯罪行为存在的重要依据。只有被告人（犯罪嫌疑人）使用的信息落入被害人请求保护的商业秘密范畴，才可能构成犯侵犯商业秘密罪的行为。

（3）价值评估。此类鉴定决定了刑事案件的追诉量刑基准。结合下文将要提到的立案追诉标准，被害人损失的商业秘密价值达到或超过立案追诉标准，或者犯罪嫌疑人的违法所得数额达到或超过立案追诉标准的，才能发生刑事案件，否则可能仅属于一般的民事侵权案件。

依据法律规定，公安机关、检察院和法院都可以启动鉴定和重新鉴定程序，被害人、被告人（犯罪嫌疑人）可以要求重新鉴定，由此可能产生多份鉴定意见，如何使用并采信这些结论可能不同的鉴定意见，需要对鉴定意见进行全面审查，必要的时候通过询问鉴定人解释鉴定意见中的矛盾和不清晰之处，最终采信证明力更强的鉴定意见。

（五）刑民交叉问题

针对侵犯商业秘密的特定主体的行为，权利人在提起侵犯商业秘密民事案件的同时到公安机关报案并最终进入刑事程序的情形并不鲜见，如何处理两种诉讼程序之间的关系及先后顺序是一个难题。通常而言，"先刑后民"是刑民交叉问题的基本处理原则。

侵害商业秘密纠纷中，刑事和民事两种程序对商业秘密权利人而言各有优势，刑事程序由于有公权力的介入，在查明事实方面相比权利人自行取证更有优势；而民事程序的启动门槛较低，并且规定了证据保全、财产保全、行为保全等保全措施。但是，两种程序之间也存在是否只要刑事程序被启动（刑事立案），就必须遵循"先刑后民"的处理原则，将民事案件中止审理的问题。

虽然"先刑后民"具有合理性和可行性，但在实践中也存在以下问题：一是可能出现刑事诉讼已经认定被告人的行为构成侵犯商业秘密罪，但在民事诉讼中，通过双方当事人充分举证、质证，法院认为原告请求保护的信息不构成商业秘密，则被告不构成民事侵权。二是两种程序在保护对象、举证责任、证据形式、证明标准上均有所不同，很可能会发生证据采信及事实认定上的不一致。三是刑事诉讼更注重对被损害的社会关系的修复和制裁犯罪行为，而民事诉讼更注重对商业秘密权利人受损利益的补偿。因此，在"先刑后民"的诉讼程序设计下，权利人的合法权益无法得到及时有效的维护。

事实上，司法实践已经作了一定的有益探索。例如，上文介绍过的麦格昆磁公司与夏某、瑞泰公司侵犯技术秘密纠纷一案❶中，二审判决认为：第一，本案并不符合民事诉讼法规定的"本案必须以另一案的审理结果为依据，而另一案尚未审结的"中止诉讼的情形。根据在审理侵犯商业秘密民事案件中普遍适用的"接触加相似排除合法来源"原则，现有证据足以认定夏某、瑞泰公司侵害了麦格昆磁公司的商业秘密，无须以刑事案件的审理结果作为认定构成民事侵权的依据，故无须中止本案审理。第二，我国在刑事案件审理中采取与民事案件审理不同的举证责任分配原则和事实证明标准。在刑事案件中严禁被告人"自证其罪"，对事实和证据均应达到"犯罪事实清楚，证据确实充分"和"排除一切合理怀疑"的严格证明标准，而民事案件中则采取高度盖然性的证明标准，即在证据对待证事实的证明无法达到确实充分的情况下，如果一方当事人提出的证据已经证明该事实发生具有高度的盖然性，人民法院即可对该事实予以确定。因此，就本案而言，本院在民事诉讼程序中采用商业秘密案件审理中通行的"接触加相似排除合法来源"规则认定夏某、瑞泰公司构成侵犯商业秘密，该证明方式属于事实推定，但该推定并不当然能够满足刑事诉讼中排除一切合理怀疑的严格证明标准，也不能据此当然弥补刑事案件中可能存在的证据疑点，故不能仅

---

❶ 参见江苏省苏州市中级人民法院（2013）苏知民终字第159号民事判决书。

凭此认定被告构成侵犯商业秘密犯罪。

上案处理方式为类似案件提高审判效率、加强权利人利益保护提供了有益借鉴。

二、实体问题

(一) 立案追诉标准

《刑法》第 219 条中规定的"给商业秘密的权利人造成重大损失的行为"落实到追诉标准方面，需结合于 2004 年发布的《最高人民法院、最高人民检察院关于办理侵犯知识产权刑事案件具体应用法律若干问题的解释》第 7 条的规定，以及于 2010 年发布的《最高人民检察院、公安部关于公安机关管辖的刑事案件立案追诉标准的规定（二）》第 73 条的规定进行判断。

根据《最高人民检察院、公安部关于公安机关管辖的刑事案件立案追诉标准的规定（二）》的规定，侵犯商业秘密罪的立案追诉标准有四项，一是权利人损失 50 万元以上，二是违法所得数额 50 万元以上，三是致使商业秘密权利人破产，四是其他给商业秘密权利人造成重大损失的情形。前述四项立案追诉标准除了第二项是从侵权人违法所得角度判断外，主要都是从被害人侵权损失角度设定的标准。侵权责任填平原则的理想状态是侵权人的非法获利等于权利人的实际损失，因此，在被害人实际损失无法计算或没有明确损失数额的情况下，可以将侵权人的违法所得作为计算权利人损失的参考。

(二) 围绕犯罪构成审查事实

侵犯商业秘密罪案件办理中,主要是围绕犯罪构成提交、收集并判断相关证据效力等问题。四项犯罪构成中,犯罪客体和犯罪客观方面的证据从取得到认证都较为复杂,而且犯罪主体和犯罪主观方面的相关事实也可以从前述犯罪构成的相关证据中认定,下文主要通过案例介绍侵犯商业秘密刑事案件中有关犯罪客体和犯罪客观方面的事实审查。

1. 对犯罪客体的审查

侵犯商业秘密罪的犯罪客体广义上是对社会经济秩序的破坏,但此行为性质主要是通过权利人对商业秘密所享有的合法权益是否受到损害来进行判断。与民事案件中确定原告主张的商业秘密类似,刑事案件也要首先解决犯罪客体的问题。

比如,最高人民法院评选的2019年度50件典型知识产权案例的林某等人犯侵犯商业秘密罪案[1]中,一审法院认定,华星公司与惠科公司为同业竞争对手,华星公司通过拷贝限制、制度制约等措施对公司的商业秘密进行保护。林某、叶某曾任职于华星公司,并签订了保密协议,二人先后离职并入职惠科公司。2015年10月24日,叶某在明

---

[1] 参见广东省惠州市中级人民法院(2018)粤13刑终361号刑事判决书。

知林某已从华星公司离职,并入职惠科公司的情况下,使用自己的邮箱将包含附件"2015 年 1 – 8 月测试部预算执行情况 Ver. 08""2016 年预算评估 – 测试部 Ver. 08""2016 年预算评估报告(对比 2015 年)– TEST 部 – Ver. 08""2016 年预算评估 – 测试部"Ver. 16"的邮件发至对方邮箱内,以供林某在惠科公司使用。林某接收邮件后,将文件发送到惠科公司多名同事供其在惠科公司生产经营中使用。华星公司表示,林某、叶某所发送的以上邮件附件均为华星公司的商业秘密文件。

侦查机关出示从网易公司调取到林某邮箱中的邮件,在附件"2016 年预算评估报告(对比 2015)—TEST 部—Ver. 08. pptx"中,每一页的右下角都有标明了"CSOT – Confidential"(华星公司 – 机密)。

经西南政法大学司法鉴定中心鉴定,"2016 年预算评估报告(对比 2015) – TEST 部 – Ver. 08"等文件包含了华星公司"液晶显示屏在线监测"及"液晶显示屏阵列玻璃基板设计"的技术信息,以上内容不为公众所知悉。一、二审法院均认定上述信息属于华星公司的商业秘密,并据此对各被告人作出量刑处罚。

上案中,对于华星公司被侵害的商业秘密,不仅涉及华星公司提交的证据,还包括公安机关取证的被告人电子邮箱中的证据等载体,最终通过鉴定机关对秘密点进行鉴定后确认商业秘密的具体内容。

2. 对犯罪客观方面的审查

(1)被告人行为。根据《刑法》第 219 条的规定,被告人实施侵犯商业秘密罪的行为主要有以下三类：

第一，以盗窃、利诱、胁迫或者其他不正当手段获取权利人的商业秘密的；第二，披露、使用或者允许他人使用以前项手段获取的权利人的商业秘密的；第三，违反约定或者违反权利人有关保守商业秘密的要求，披露、使用或者允许他人使用其所掌握的商业秘密的。

上案中，法院认定林某、叶某、郑某均以不正当手段获取并使用华星公司的商业秘密，具体而言，叶某、林某是在工作中发邮件披露信息以及在工作中参考使用他人的商业秘密，郑某是在工作中参考使用他人的商业秘密，给华星公司造成重大损失，构成侵犯商业秘密罪。

目前，《反不正当竞争法》对于侵犯商业秘密的行为已经作了扩大调整，《刑法修正案（十一）（草案）》虽作了大致范围的扩大调整，但在该修正案尚未正式通过并施行前，可入罪的侵犯商业秘密行为仍应严格适用《刑法》的相关规定。

（2）重大损失。刑事案件中，关于损失的认定，主要是通过鉴定机构或评估机构根据案件具体情况、参考行业价格、收益、利润等指标作出鉴定、评估得出。损失数额对最终决定量刑档次有重要影响。

（三）侵犯商业秘密罪与其他相关罪名

侵犯商业秘密的行为可能触犯的相关罪名主要规定在《刑法》第216~218条、第282条及第389条中。实践中，以下三类情况较为常见：

1. 假冒专利罪

与商业秘密的保护方式不同，专利权是权利人以申请公开某项技术换取对该项技术的专有权。某项技术一旦申请专利，相关技术信息便基本处于公开状态。因此，侵权人违法使用他人专利的行为不构成侵犯商业秘密罪，而可能构成假冒专利罪。

2. 侵犯著作权罪或销售侵权复制品罪

对一些特殊的产品，如软件等，权利人往往会申请著作权登记。侵权人复制、销售含有软件等作品的产品的行为，不构成侵犯商业秘密罪，但可能构成侵犯著作权罪或销售侵权复制品罪。

需要特别注意的是，为了达到更好保护知识产权的目的，一些权利人会对自己知识成果的不同组成部分，以不同的方法进行保护。对其中保密性较好的部分通过商业秘密的形式予以保护，对其中较易被他人破解、知悉的技术和信息，则以专利权、著作权的方式予以保护。实践中，对于非法获取、披露及使用相关产品在专利权、著作权登记中未公开的秘密信息的行为，仍可以侵犯商业秘密为由定罪处罚。

3. 非法经营罪

《刑法》第八章扰乱市场秩序罪中第225条规定了非法经营罪，该条虽然列举了典型的涉及非法经营罪的行为，包括未经许可经营法律、行政法规规定的专营、专卖物品或限制品等行为，但还有一项兜底性规定，即其他严重扰乱市场秩序的非法经营行为。离职员工违反竞业限制协议，带走公司部分文件资料或客户等经营资源加入或成立竞争企业的行为，都容易被原企业以侵犯商业秘密罪为由向公安机关报案，但最终是否涉嫌刑事犯罪，以及涉及何种罪名，还是要重点考察被告人所用信息中是否包含被害人的商业秘密，若不包含商业秘密，就与侵犯商业秘密罪无关，即使发生犯罪行为，也不能定为侵犯商业秘密罪，但不排除与非法经营罪有关。

第四章　企业商业秘密保护典型案例评析

【案例1】披露商业秘密行为的主观要件应为故意或者重大过失
——新丽传媒集团有限公司诉北京派华文化传媒股份有限公司侵害商业秘密案[1]

【引言】

《反不正当竞争法》规定的侵犯商业秘密的行为包括违反保密约定或者违反权利人有关保守商业秘密的规范要求，披露、使用或者允许他人使用其所掌握的商业秘密。其中

---

[1] 参见北京市朝阳区人民法院（2017）京0105民初68514号民事判决书。

的"披露"行为,应以故意或重大过失为主观要件。本案侵害商业秘密行为为被告违反约定,将影片《悟空传》素材通过百度网盘的方式发送给案外人缪某,最终致使电影素材在电影上映前即在网络上大量传播。本案在业内引起较大反响,是保护影视作品制片方合法权益和优化影视行业良好的市场运营环境的典型案例。

【案情简介】

2016年9月13日,新丽传媒集团有限公司(简称"新丽公司")与北京派华文化传媒股份有限公司(简称"派华公司")就电影《悟空传》音频后期制作事宜签订《电影〈悟空传〉音频制作委托合同》,合同设置保密条款,约定双方均应保守因履行上述合同从对方获得的秘密,包括但不限于涉案电影内容、新丽公司向派华公司提供的素材及其他未公开的信息(包括但不限于涉案电影内容、剧情、演职员名单等)。合同签订后,新丽公司通过现场传递方式将涉案电影全片素材交付派华公司执行音频后期制作工作。

2017年5月17日,新丽公司发现涉案电影全片素材(包括视频文件、音频文件、特效镜头文件等)被公开于百度网盘,普通用户无须提取密码即可获取。2017年7月8日,涉案电影《悟空传》首映前一天,新丽公司再次发现涉案电影全片素材内容在网络广泛传播,并公开售卖,视频中注有指向派华公司的水印。新丽公司将派华公司诉至北京市朝阳区人民法院,主张派华公司将涉案电影全片素材命名为"WKZ"通过网盘传输给案外人缪某进行后期制作并最终导致涉案素材流出的行为，侵害其就涉案电影全片素材享有的商业秘密，构成不正当竞争。

派华公司辩称，涉案电影全片素材系未完成版本，与最终成片呈现效果相去甚远，无观影价值及商业价值，且涉案素材中包含的服装、道具及场景等，为已经公开的素材，亦非商业秘密，不应受保护。涉案泄露行为并非派华公司所为，派华公司未侵害商业秘密。

经查，派华公司在与新丽公司签订《电影〈悟空传〉音频制作委托合同》后，将部分工作内容外包给案外人缪某所在的公司处理。由于派华公司的内部文件传输协议（即 FTP 文件传输协议）发生故障，其员工史某就临时将涉案六段素材以"WKZ"为名上传至其百度云盘，让缪某到百度云盘进行下载并进行后期制作。但在涉案素材留存在百度云盘期间，有案外人通过搜索工具搜索到了以"WKZ"命名的涉案素材并进行了下载、压缩、转制。后新丽公司官方微博收悉网友举报，网友称在互联网上看到涉案素材。2017 年 5 月 17 日，新丽公司与派华公司就涉案素材被泄露一事进行沟通。2017 年 5 月 18 日，派华公司员工史某到北京市公安局朝阳分局三间房派出所报案，称发现其百度云盘内的《悟空传》影片等文件被他人分享至新浪微博。

一审法院认为，派华公司明知其对新丽公司负有保密义务，仍向其公司以外人员传递涉案素材，侵犯了新丽公司的商业秘密。判断该行为是否侵犯商业秘密，应当考量派华公司是否具有故意及重大过失的主观过错。本案中，双方主要依赖手递手方式现场传递涉案素材，且有关电影拍摄的主要内容必然属于相关权利人最为核心的经营信息，派华公司将涉案素材上传至百度网盘，并以"WKZ"即《悟空传》电影名称的拼音首字母为名的行为，显然与上述经营信息的重要程度不相匹配。因此，一审法院判令：（1）派华公司向新丽公司赔偿经济损失 300 万元；（2）派华公司在名称为派华传媒的新浪官方微博首页置顶位置连续 30 日公开登载声明，以消除给新丽公司造成的不良影响；（3）派华公司向新丽公司支付合理开支 309685 元。

一审判决后，双方当事人均未上诉，该判决现已生效。

【点评分析】

本案为典型的商业秘密纠纷民事案件，其争议焦点在于：一是当技术信息或经营信息组成部分已经公开，该信息能否属于商业秘密；二是"披露商业秘密"行为的司法认定。

针对第一个问题，商业秘密的秘密性、价值性和保密措施三个构成要件缺一不可。其一，关于秘密性，即"不为公众所知悉"，《最高人民法院关于审理不正当竞争民事案件应用法律若干问题的解释》第 9 条规定，不为公众所知悉，即有关信息不为其所属领域的相关人员普遍知悉和容易获得。本案中，虽然派华公司提到服装、道具及场景等已经为公众所知悉，但电影作品并非所有服装、道具及场景等素材的简单结合，即使其组成部分已经属于公有领域或者已经为公众所知悉，但只要各个部分相互组合后形成的经营信息具有全新的意义，即可作为商业秘密得到保护。涉案素材除未包含片头、片尾完整字幕及部分特效内容外，完整展现了涉案电影的全部内容，在电影公开放映之前，该等信息当然不为相关公众普遍知悉，具有秘密性。

其二，关于价值性，即商业秘密能为权利人带来现实的或潜在的经济利益。涉案素材已基本涵盖了即将上映影片的全部内容，其必将为权利人带来经济利益。

其三，关于保密措施，《最高人民法院关于审理不正当竞争民事案件应用法律若干问题的解释》第11条第3款规定："具有下列情形之一，在正常情况下足以防止涉密信息泄漏的，应当认定权利人采取了保密措施：……（五）签订保密协议"。本案中，新丽公司与派华公司签订的《电影〈悟空传〉音频制作委托合同》中有关于保密义务的专门约定，且其中已经明确《悟空传》电影内容、新丽公司提供的素材及包括剧情、制作进程等在内的其他未公开之信息均属于保密义务范围内的秘密。此外，新丽公司在涉案电影拍摄的其他各环节均签订有保密条款，故应当认定新丽公司对涉案素材已经采取了适当的保密措施。因此，涉案素材构成反不正当竞争法保护的商业秘密。

针对第二个问题，派华公司是否侵犯新丽公司的商业秘密。根据《反不正当竞争法》的规定，违反约定或者违反权利人有关保守商业秘密的要求，披露、使用或者允许他人使用其所掌握的商业秘密的，构成侵害商业秘密行为。

从行为主体来看，侵权方为除权利人以外，合法知悉或者掌握商业秘密并负有保密义务的人。从行为人主观构成要件来看，侵犯商业秘密，需以故意及重大过失为前提。从披露的对象来看，该条规定中的"披露"是指未经权利人许可或者违反保密义务，而向他人扩散商业秘密，包括向特定人、少部分人透露商业秘密，以及向社会公开商业秘密。

本案中，派华公司依据其与新丽公司签署的《电影〈悟空传〉音频制作委托合同》，合法获取涉案素材，该合同约定，在双方洽谈及合作过程中，派华公司对所知悉的新丽公司涉案电影的内容及商业秘密承担保密义务，不得擅自散播、转述与第三人或自行及许可第三方使用，新丽公司及派华公司均应保守新丽公司提供的素材及其他未公开之信息（包括但不限于该片内容、剧情、拍摄情况、拍摄内容等），未经对方同意，不得向任何第三方泄露。派华公司依据双方合同，对新丽公司负有保密义务。

派华公司的侵权行为包括两项，一项为其通过百度网盘向其公司以外人员缪某披露涉案电影素材，另一项为其将涉案电影素材以"WKZ"为名上传至百度网盘最终导致素材通过互联网泄露。关于第一个行为，派华公司明知其对新丽公司负有保密义务，仍向其公司以外人员传递涉密素材，构成侵犯商业秘密。关于第二个行为，涉案素材最终通过互联网泄露，系因其将涉案素材上传于百度网盘且设置与电影名称高度关联的文件名称所致。新丽公司提交微信聊天记录等证据，可证明涉案素材在双方交接过程中均系通过工作人员现场传递的方式进行，且派华公司在与新丽公司进行沟通的过程中也表示，系由于公司内部文件传输协议故障，才将涉案素材上传至百度网盘。

综合以上情况，至少在涉案电影的相关材料传递过程中，双方主要依赖手递手的方式。此外，在影视行业中，电影公开放映之前，有关电影拍摄的主要内容必然属于相关权利人最为核心的经营信息，派华公司的行为，显然与上述经营信息的重要程度不相匹配。综上，一审法院认定派华公司的该行为属于侵犯商业秘密，应当承担停止侵害、消除影响、赔偿损失等法律责任。

【相关知识】

《反不正当竞争法》第9条规定："经营者不得实施下列侵犯商业秘密的行为：（一）以盗窃、贿赂、欺诈、胁迫、电子侵入或者其他不正当手段获取权利人的商业秘密；（二）披露、使用或者允许他人使用以前项手段获取的权利人的商业秘密；（三）违反保密义务或者违反权利人有关保守商业秘密的要求，披露、使用或者允许他人使用其所掌握的商业秘密；（四）教唆、引诱、帮助他人违反保密义务或者违反权利人有关保守商业秘密的要求，获取、披露、使用或者允许他人使用权利人的商业秘密。"

近年来，影视剧在上映前或者热播期间，片源被提前在互联网上泄露的事件屡见报端，这些"剧透"行为往往给影视剧的权利人造成难以弥补的经济损失。实践中，片源泄露的最大源头即在于内部工作人员、合作方等人员。

影视剧从前期筹划、中期拍摄到后期剪辑制作等，涉及环节和流程众多，经手人员无数，如果企业管理不严，任何一个环节都可能造成影视资源泄露的巨大风险。此外，电视台、影院、网络视频平台等也可能会存在内部泄露片源的问题。

  对于影视作品的制片方、出品方来说，应该从哪些方面注意规避商业秘密泄露的风险呢？一是注意在影片制作过程中，与工作人员、合作方、播放平台等签订内容明确的保密协议，明确对方对于影视剧片源和素材等的保密义务。二是积极采取合理措施保证影片素材的安全性。素材交接一般会选择手递手的方式，使用素材的电脑均是断网的；在特殊情况下需要网络传输时，也会采用FTP传输方式，传输的文件编码及名称相关性将会降到最低，并且传输完成后应及时删除避免相关素材长时间留存在网络，产生泄密风险。三是在特定时期如影片上映前、热映期等进行网络侵权监控，以本案为例，《东阳某影视知识产权服务有限公司关于新丽传媒股份有限公司影视作品〈悟空传〉版权综合保护总结报告》显示，2017年7月8日至2017年8月5日期间，其将45家大型视频网站、2500家无主体或者个人备案中小型视频网站、百度搜索引擎、新浪微博、云存储类平台、视频聚合软件、微信公众号、海外视频网站以及B2C电子商务平台等作为监控阻断对象，监测到合计5210条侵权链接。特定时期的网络监测也可以及时发现侵害商业秘密行为，避免权利人损失扩大。

【案例2】员工利用职务之便买卖客户资料行为的法律责任
——重庆慢牛工商咨询有限公司与重庆亿联金汇企业管理咨询有限公司、谭某侵犯商业秘密案[1]

【引言】

商业秘密中的客户名单,一般是指由客户的名称、地址、联系方式以及交易的习惯、意向、内容等构成的区别于相关公知信息的特殊客户信息,包括汇集众多客户的客户名册,以及保持长期稳定交易关系的特定客户。企业一般应该与掌握客户名单等重要商业秘密的员工签订保密合同,或者向员工提出保密要求。员工在其任职期间或者离职之后,如果违反保密约定或有关保密要求,将自己利用职务便利掌握的商业秘密以买卖方式或者其他方式披露给他人,应该依法承担侵犯商业秘密不正当竞争行为的法律责任。此外,如果其他公司明知或者应该知道商业秘密权利人的员工实施了侵犯商业秘密的不正当竞争行为,但仍然获取、披露、使用或者允许他人使用该商业秘密的,则该公司也视为实施了侵犯商业秘密的行为,同样应承担相应法律责任。

---

[1] 参见重庆市第五中级人民法院(2019)渝05民初1225号民事判决书。

【案情简介】

2018年5月21日,重庆慢牛工商咨询有限公司(简称"重庆慢牛公司")聘用员工谭某在其商务部门从事商务顾问工作,主要负责对公司推广获得的客户信息进行跟踪,并与客户谈判、签约。重庆慢牛公司与谭某签订了为期3年的劳动合同,自2018年5月21日起至2021年5月20日止。该劳动合同还约定谭某应保守重庆慢牛公司的商业机密,如有任何违反保密义务的行为,须向重庆慢牛公司承担违约赔偿责任。

重庆慢牛公司发现,谭某在2018年8月至2019年3月在职期间,多次利用职务便利,将其掌握的重庆慢牛公司已采取保密措施的客户名单及服务需求等信息披露给重庆亿联金汇企业管理咨询有限公司(简称"亿联金汇公司")。根据谭某与亿联金汇公司股东罗某的微信聊天记录,其对话内容涉及客户姓名、电话、身份、地址、代办事项、办理费用,以及分账讨论等信息和事项共计48条。2019年4月,谭某从重庆慢牛公司离职。

重庆慢牛公司将谭某及亿联金汇公司诉至法院,认为谭某在职期间违反保密义务的约定,擅自将其掌握的重庆慢牛公司的客户名单等商业秘密信息披露给亿联金汇公司使用,在违约的同时给重庆慢牛公司造成了经济损失。亿联金汇公司经营范围与重庆慢牛公司基本相同,其采用贿赂等不正当手段获取重庆慢牛公司具有商业价值的客户名单等信息进行不正当竞争,致使重庆慢牛公司部分客户流失,给重庆慢牛公司造成了经济损失,故请求判令:1.谭某及亿联金汇公司立即停止侵权行为，不得披露、使用或允许他人使用已知悉的重庆慢牛公司的商业秘密信息；2. 谭某及亿联金汇公司向重庆慢牛公司连带赔偿因侵权造成的损失 10 万元等。

一审法院经审理认为，本案所涉客户信息包括客户的姓名、电话、微信名片、证照、经营地址、家庭地址，以及交易的意向和需求。客户有关代办工商事务和价格、费用要求等交易意向和需求，具有即时性、私密性，并具有一定的经济价值，重庆慢牛公司亦对此采取了保密措施。谭某在担任重庆慢牛公司商务代表期间，违反合同保密义务和有关保守商业秘密的要求，利用职务便利，将自己掌握的重庆慢牛公司的商业秘密以买卖方式披露给亿联金汇公司的股东和监事罗某，从中牟利，并默许罗某将其获取的商业秘密用于生产经营活动，其主观恶意明显，侵犯了重庆慢牛公司的商业秘密，依法应承担法律责任。亿联金汇公司明知谭某的身份，引诱谭某违反合同保密义务和有关保守商业秘密的要求，实施上述违法行为，将从谭某处获取的商业秘密用于亿联金汇公司的生产经营活动，亦侵犯了重庆慢牛公司的商业秘密，也应承担相应的法律责任。

一审法院判令：（1）谭某、亿联金汇公司立即停止不正当竞争行为，即不得披露、使用或允许他人使用已知悉的重庆慢牛公司的商业秘密；（2）谭某、亿联金汇公司共同向重庆慢牛公司连带赔偿经济损失 74130 元；（3）谭某、亿联金汇公司共同向重庆慢牛公司连带赔偿为制止侵权产生的合理开支 4500 元。

一审判决后，各方当事人均未上诉，该判决现已生效。

【点评分析】

本案的争议焦点在于：一是什么样的客户名单可以被认定为商业秘密？二是对于员工利用职务之便向其他公司买卖客户信息的行为认定，其他公司如果明知权利人的员工侵害的是商业秘密仍然加以使用的行为是否属于侵害商业秘密的行为？

对于第一个焦点问题，并非所有的客户名单都属于商业秘密，本案中所涉客户信息包括客户的姓名、电话、微信名片、证照、经营地址、家庭地址，以及交易的意向和需求等。其中证照包括身份证、营业执照、房地产权证等，交易意向和需求包括代办工商注册登记、代办工商营业执照、代办餐饮服务许可证、代为记账、代为报税、代办刻章，以及询价、报价、成交价等商业信息。结合《反不正当竞争法》关于商业秘密的定义，判断客户信息是否构成商业秘密，应该从秘密性、价值性和保密措施三个方面予以分析。

其一，一般客户信息如姓名、地址、电话、微信号等，通常较为容易从公开渠道获取；但是，客户有关代办工商事务和价格、费用要求等交易意向和需求，具有即时性、私密性，除非客户自己愿意公开披露，客户针对特定商家的交易意向和需求，一般不愿为其他商家所知晓，否则客户极易丧失在商家之间择优交易的机会，也可能影响到与其他商家商谈交易的优势。因此，这种带有即时性、私密性交易意向和需求的客户信息，往往不为公众所知悉。

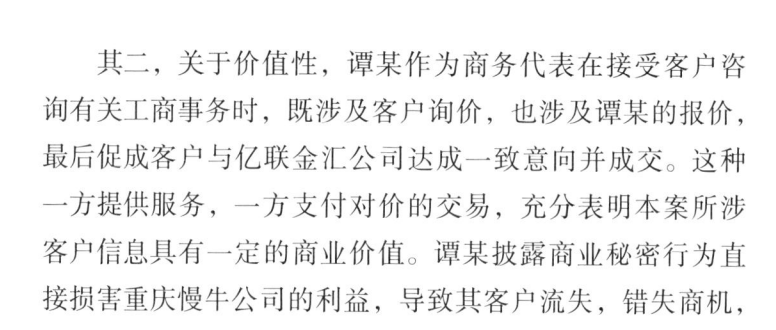

其二，关于价值性，谭某作为商务代表在接受客户咨询有关工商事务时，既涉及客户询价，也涉及谭某的报价，最后促成客户与亿联金汇公司达成一致意向并成交。这种一方提供服务，一方支付对价的交易，充分表明本案所涉客户信息具有一定的商业价值。谭某披露商业秘密行为直接损害重庆慢牛公司的利益，导致其客户流失，错失商机，也可以侧面印证涉案客户信息的价值性。

其三，谭某与重庆慢牛公司签订的劳动合同显示，重庆慢牛公司对谭某在受聘期间保守商业机密有约定和要求，并且对谭某受聘期间违反保密事项给重庆慢牛公司造成经济损失应当承担赔偿责任进行了约定。由此可知，重庆慢牛公司在谭某入职之始就已经将保守商业秘密作为谭某的义务予以提醒和约定。而且，重庆慢牛公司对谭某经手或了解到的本公司的商业秘密采取了基本的保密措施。根据重庆慢牛公司对慢牛网客户管理系统的证据保全表明，任何人需要获取慢牛网客户管理系统中的客户信息，必须经过重庆慢牛公司授权独立的账户并输入密码加以验证后，才能登录"慢牛网后台管理中心"，进入"客户管理"空间浏览该账户下的客户信息。这些账户一般为重庆慢牛公司授权的商务代表独立开立，账户密码也由商务代表设置或掌握，这是一般企业、机构或组织应用OA办公管理系统的惯例。谭某对外披露的客户信息即是源自重庆慢牛公司慢牛网客户管理系统经加密的信息，这种信息由谭某掌握，不为非授权其他员工所知悉。同时，在谭某的微信聊天记录中，一些对话也能反映出谭某对重庆慢牛公司有关保守商业秘密的规定是明知的。这些对话从另一个侧面表明，谭某为实施对外披露重庆慢牛公司商业秘密，故意不遵守合同有关保守商业秘密的约定，躲避公司监管，隐藏披露行为的人。据此，可以认定重庆慢牛公司对涉案客户信息采取了相应的保密措施。

对于焦点问题二，重庆慢牛公司与亿联金汇公司存在经营范围交叉重叠，在代理工商注册登记、代理记账或代办记账、工商咨询、税务咨询或税务代理等业务方面存在竞争关系。罗某将非法获取的商业秘密用于亿联金汇公司生产经营活动，亿联金汇公司从中也获取了非法利益。因此，作为亿联金汇公司股东和监事的罗某非法获取重庆慢牛公司商业秘密的行为应当认定为职务行为，其因职务行为所致侵权责任应当由亿联金汇公司承担。谭某在其任职重庆慢牛公司商务代表期间，违反合同保密义务和有关保守商业秘密的要求，利用职务便利，将自己掌握的原告商业秘密以买卖方式披露给亿联金汇公司并从中牟利，其行为属于侵犯商业秘密不正当竞争行为。亿联金汇公司明知谭某的身份，引诱谭某违反合同保密义务和有关保守商业秘密的要求，实施上述违法行为，通过谭某获取、使用该商业秘密，用于亿联金汇公司生产经营活动，亦构成对重庆慢牛公司商业秘密的侵犯，依法也应承担侵犯商业秘密的不正当竞争法律责任。

【相关知识】

《反不正当竞争法》第 9 条第 2 款、第 3 款规定，"经营者以外的其他自然人、法人和非法人组织实施前款所列违法行为的，视为侵犯商业秘密""第三人明知或者应知商业秘密权利人的员工、前员工或者其他单位、个人实施本条第一款所列违法行为，仍获取、披露、使用或者允许他人使用该商业秘密的，视为侵犯商业秘密"。

本案对于权利人如何搜集侵权证据提供了一个良好的范本。第一，重庆慢牛公司在谭某入职之前，就将谭某需要保守商业秘密的义务予以提醒和约定，并约定"受聘人违反本合同约定的条件解除劳动合同或违反本合同约定的保守商业秘密事项，对聘用单位造成经济损失的，受聘人应按损失程度承担赔偿责任"。第二，在谭某入职重庆慢牛公司后，重庆慢牛公司对谭某经手或了解到的本公司的商业秘密采取了基本的保密措施。在其内部网站上，设置流程规定任何需要获取慢牛网客户管理系统中的客户信息，必须经过重庆慢牛公司授权独立的账户并输入密码加以验证后，才能登录"慢牛网后台管理中心"，进入"客户管理"空间浏览客户信息。这些账户一般为重庆慢牛公司授权的商务代表独立开立，账户密码也由商务代表设置或掌握。此外，重庆慢牛公司的慢牛网OA系统客户信息后台数据记载了谭某任职期间接触到的公司客户基本信息、客户签单前跟进记录和客户签订合同内容等文字记录和数据。就是通过这些记录和数据与谭某聊天记录中的客户信息紧密联系，最终证明了谭某与亿联金汇公司股东罗某之间非法交易并侵害他人商业秘密的事实。

【案例3】投标竞标中商业秘密的保护
——克拉玛依金驼运输服务有限公司诉
克拉玛依市凯隆油田技术服务有限公司、
谭某不正当竞争再审案[1]

【引言】

企业参与投标竞标活动时，涉及的招标文件、投标文件、标底价格、技术方案、售后服务承诺等商业信息，均可能构成企业的重要商业秘密。投标竞标过程中，企业涉及招投标的相关商业信息一旦被泄露，将可能造成潜在的"串标""抬标"等行为，给企业造成重大的经济损失。那么，参加投标竞标活动的企业尤其需要做好周密的商业秘密保护措施，防止相关商业秘密被窃取和泄露。其中，有两个问题尤其值得关注：一是什么样的商业信息属于我国《反不正当竞争法》保护的商业秘密？二是如果作为本公司的员工，同时又属于第三方公司的股东，那么该员工在知晓本公司投标书内容的情况下，第三方公司与本公司同时参加竞标并且中标，那么本公司如何通过诉讼方式维护合法权益？

---

[1] 参见最高人民法院（2018）最高法民再389号民事判决书。

【案情简介】

克拉玛依金驼运输服务有限公司（简称"金驼公司"）成立于 2014 年 1 月 2 日，经营范围为道路普通货物运输、汽车租赁等。谭某于 2014 年 1 月 15 日至 2015 年 3 月 26 日任金驼公司执行董事兼经理、法定代表人，陈某任该公司车辆调度。谭某、陈某于 2014 年 11 月 26 日分别认缴出资额 125 万元，与他人共同发起成立了与金驼公司经营相同业务的克拉玛依市凯隆油田技术服务有限公司（简称"凯隆公司"），注册资金 500 万元，陈某担任凯隆公司监事。2015 年 7 月，谭某、陈某不再担任金驼公司职务，离开金驼公司。2015 年 8 月、9 月，二人先后返回金驼公司工作至 11 月，分别担任副总经理和车队总调试的职务。

2015 年 9 月，金驼公司指派谭某、陈某负责新疆石油工程建设监理有限公司 2016—2017 年生产值班车服务的投标工作，谭某、陈某在投标前商定标底下浮 8% 的幅度。凯隆公司亦派法定代表人廖某参加了此次招投标，并以标底下浮 10% 取得评标审查第一名，凯隆公司于 2016 年 1 月 1 日与招标单位签订值班车服务合同，中标工作量为第一标段。金驼公司以暂定 20 辆车、暂定价款 610 万元签订值班车服务合同，中标工作量为第三标段。2016 年 1 月 19 日，招标单位通知凯隆公司不再使用该公司车辆服务。

经金驼公司了解，谭某、陈某早在 2014 年 11 月就担任凯隆公司的股东。谭某、陈某在为金驼公司办理本次招投标事宜的同时，还同时负责凯隆公司的招标工作，最终凯隆公司取得了第一名。因此，金驼公司认为谭某、陈某在投标过程中，利用自己掌握金驼公司标底的便利条件，泄露金驼公司的经营秘密，凯隆公司利用该谭某、陈某泄露的金驼公司标底进行不正当竞争，得以第一名中标，给金驼公司造成了巨大损失。凯隆公司、谭某、陈某恶意串通，侵犯金驼公司的商业秘密，依法应当对金驼公司的损失承担赔偿责任。金驼公司诉至法院，请求凯隆公司、谭某、陈某共同赔偿其损失150万元；谭某赔偿其损失43082元；陈某赔偿其损失30341元。

一审法院认为：金驼公司的投标标书具备实用性、秘密性和保密性，属于商业秘密。三被告的行为共同侵犯了金驼公司的商业秘密，应当赔偿金驼公司的经济损失。故判决：凯隆公司、谭某、陈某连带赔偿金驼公司经济损失39.6万元，驳回金驼公司其他诉讼请求。

二审法院认为：金驼公司现有证据不能证明其主张的涉案投标文件和标底降幅符合商业秘密的法定构成要件，不构成商业秘密。故判决：撤销一审判决，驳回金驼公司的全部诉讼请求。

最高人民法院再审认为：金驼公司主张的标底降幅符合商业秘密的构成要件，属于商业秘密中的经营信息，应当予以保护。二审判决认定涉案标底降幅不符合商业秘密的法定条件存在认定错误，应予以纠正。结合本案的案情，可以认定谭某存在违反保密义务向凯隆公司泄露标底的行为，凯隆公司亦存在明知谭某违法披露仍然获取并使用金驼公司商业秘密的行为。故判决：撤销二审判决；撤销一审判决第二项，改判凯隆公司、谭某连带赔偿金驼公司经济损失及合理开支30万元，驳回金驼公司的其他诉讼请求。

【点评分析】

本案涉及两个焦点问题：一是涉案标底降幅是否属于受《反不正当竞争法》保护的商业秘密？二是谭某作为金驼公司的员工，同时又属于凯隆公司的股东，在知晓金驼公司投标书内容的情况下，凯隆公司与金驼公司同时参加竞标并且中标，凯隆公司和谭某的行为是否构成侵害他人商业秘密并应该承担何种民事责任？

对于焦点问题一，本案中，金驼公司主张投标文件和涉案标底降幅在本案的商业秘密范围内。其主张的信息必须符合商业秘密"秘密性、价值性和保密措施"三个法定条件，才构成法律保护的商业秘密。其中，秘密性是指不为公众所知悉，即不为社会公众包括通常处理所涉信息范围的人普遍知道或者容易获得；价值性是指能为权利人带来经济利益，它能使商业秘密的所有人因掌握商业秘密而获得竞争优势；保密措施是指采取保密措施，即所有人主观上将该信息视为秘密，并且采取适当的保密措施以维持信息的保密性。法院应当根据所涉信息载体的特性、权利人保密的意愿、保密措施的可识别程度、他人通过正当方式获得的难易程度等因素，认定权利人是否采取了保密措施。

具体来说：其一，涉案标书内容中的标底降幅一般除了知晓标书内容的人外，不为公众和其他投标单位所知晓。金驼公司标书的制作限于参与投标活动的人员范围，并且鉴于标书的天然秘密属性，一般情况下会对接触标书内容的人都约定严格的保密义务，符合秘密性的要求。其二，结合涉案的招标文件中评标办法的内容，商务报价占总评分分值的30%，并且每下浮1%，加2分。在百分制的评分中，标底降幅的作用是显而易见的。因此，在标书开封之前，竞标者的标底降幅能使其保有一定的竞争优势，一旦中标就能给所有人带来经济利益。因此，虽然能否最终中标取决于竞标者的技术部分及商务部分的综合得分，但是不能据此否认标底降幅在竞标能力中的贡献。尤其在标底降幅为其他竞标者获悉的情况下，不仅将使该竞标人丧失竞争优势，更使其处于不利境地。因此，标底降幅具有价值性。其三，投标文件由投标人自行制作，在开标之前必然采取密封措施，这是招投标活动的应有之义。标书所有人对标书进行封存即可看作是对标书采取了保密措施，而且这种保密措施也达到了法律要求的标准，属于保密措施。因此，金驼公司主张的标底降幅符合商业秘密的构成要件，属于商业秘密中的经营信息，应当予以保护。

对于焦点问题二，违反约定或者违反权利人有关保守商业秘密的要求，披露、使用或者允许他人使用其所掌握的商业秘密的，构成侵犯商业秘密的行为。第三人明知或者应知前款所列违法行为，获取、使用或者披露他人的商业秘密，视为侵犯商业秘密。

谭某、陈某身为金驼公司员工。金驼公司的标书中列明的联系人为谭某,在案证据能够证明谭某代表金驼公司参与了涉案招投标活动。谭某作为金驼公司参与投标的直接经办人员,理应尽到忠诚和保密义务,应按照单位的保密要求或行业惯例在开标前保守金驼公司的经营秘密。而谭某作为凯隆公司的发起人,在明知金驼公司参与了此次招投标活动之后还让凯隆公司参与竞标,难谓善意。金驼公司8%的标底降幅为谭某知悉,考虑到谭某的双重身份,凯隆公司设定10%标底降幅,难谓巧合。凯隆公司在标底降幅上获得了较大的竞争优势,最终获得评标第一名,中标第一标段。金驼公司获取评标第三名,中标第三标段。凯隆公司对金驼公司的得分领先优势主要是在标底降幅上产生的4分差距。谭某在金驼公司举报后不久即迅速转让了其在凯隆公司的股权。最终,法院结合上述案情,认定谭某违反保密义务向凯隆公司泄露标底的行为侵害了金驼公司的商业秘密,凯隆公司亦存在明知谭某违法披露仍然获取并使用金驼公司商业秘密的行为。

【相关知识】

《最高人民法院关于审理不正当竞争民事案件应用法律若干问题的解释》第14条规定,当事人指称他人侵犯其商业秘密的,应当对其拥有的商业秘密符合法定条件、对方当事人的信息与其商业秘密相同或者实质相同以及对方当事人采取不正当手段的事实负举证责任。其中,商业秘密符合法定条件的证据,包括商业秘密的载体、具体内容、商业价值和对该项商业秘密所采取的具体保密措施等。

本案作为招投标过程中侵害商业秘密的典型案例，对于企业如何防范商业秘密泄露及举证提供了一个范例：

首先，金驼公司主张谭某、陈某在2015年9月、10月负责本公司在新疆石油工程建设监理有限公司的招投标工作及商定标底下降8%幅度，该事实有招标单位提供的投标材料在案佐证，可以证实陈某代表金驼公司提交了投标报名材料、缴纳资料费、领取招标文件，上述文件上载明谭某作为代理人、联系人代表金驼公司与招标单位签订了相关服务合同。

其次，金驼公司还提交了其经理解某在办公场所拍摄的其与谭某、陈某关于商讨标底降幅过程的谈话过程视频，用以证明谭某知晓涉案商业秘密内容。谭某称视频资料系偷拍，是不应被法院采信的辩解意见，未被法院接受。

最后，值得注意的是，谭某、陈某身为企业招投标重要参与人员，金驼公司未与其签订保密协议及竞业限制协议。法院虽认定谭某、陈某作为长期从事汽车租赁行业的从业人员，对投标的标书及标底降幅为商业秘密应当明知，但对于金驼公司关于谭某、陈某构成竞业限制的主张，仍然未予以采信。这也提醒企业应当与重要人员在劳动合同、离职手续中明确保守商业秘密的要求，必要时应签订竞业限制协议，防范企业重要商业秘密被泄露的风险。

【案例4】侵犯商业秘密案件中的行为保全
——美国礼来公司、礼来（中国）研发有限公司与黄某侵犯商业秘密行为保全申请案[1]

【引言】

侵犯商业秘密案件多为复杂的知识产权侵权案件，审理周期长、程序烦琐。为了使商业秘密权利人获得高效充分的救济，适用《民事诉讼法》中的行为保全（在知识产权民事案件中也称为禁令或临时禁令）制度是较为理想的选择，即权利人和利害关系人有证据证明他人正在实施或者即将实施侵权行为，如不及时制止将使其合法权益受到难以弥补的损害的，可以在诉前或诉中向法院申请行为保全。适用行为保全应满足严格的法定要件，遵循及时保护与稳妥保护兼顾的原则，在考虑各方利益平衡的基础上，对显而易见且情况紧急的侵权行为通过行为保全措施给权利人合法权益以保障。本案为《最高人民法院关于审查知识产权纠纷行为保全案件适用法律若干问题的规定》发布同时公布的知识产权纠纷行为保全典型案例。

---

[1] 参见上海市第一中级人民法院（2013）沪一中民五（知）初字第119号民事裁定书。

【案情简介】

黄某于 2012 年 5 月入职礼来（中国）公司，双方签订了保密协议。2013 年 1 月，黄某从礼来（中国）公司的服务器上下载了 48 个申请人所拥有的文件（申请人宣称其中 21 个为其核心机密商业文件），并将上述文件私自存储至自己所拥有的设备中。经交涉，黄某签订同意函，承认下载了 33 个属于公司的保密文件，并承诺允许美国礼来公司、礼来（中国）公司指定的人员检查和删除上述文件。此后，美国礼来公司、礼来（中国）公司曾数次派员联系黄某，但黄某拒绝履行同意函约定的事项。

礼来（中国）公司于 2013 年 2 月 27 日致信黄某宣布解除双方劳动关系。由于黄某拒绝履行同意函约定的内容，美国礼来公司、礼来（中国）公司认为其商业秘密处于被外泄的危险境地，有较大可能会造成无法弥补的损害。

2013 年 7 月，美国礼来公司、礼来（中国）公司以黄某侵害技术秘密为由诉至上海市第一中级人民法院，同时提出行为保全的申请，请求法院责令被申请人黄某不得披露、使用或者允许他人使用由其盗取的 21 个商业秘密文件。美国礼来公司、礼来（中国）公司向法院提供了 21 个商业秘密文件的名称及内容、黄某的承诺书、公证书、员工信息设备配备表格、劳动关系终止通知函、成本统计表等证据材料，并提供了担保金 10 万元。

上海市第一中级人民法院审查认为，申请人提交的证据能够初步证明黄某获取并掌握了申请人的商业秘密文件，由于黄某未履行允许检查和删除上述文件的承诺，致使申请人所主张的商业秘密存在被披露、使用或者外泄的危险，可能对申请人造成无法弥补的损害，符合行为保全的条件。2013年7月31日，该院作出民事裁定，禁止被申请人黄某披露、使用或允许他人使用申请人主张作为商业秘密保护的21个文件。黄某在指定的期限内未申请复议。

【点评分析】

行为保全是通过诉讼程序保障商业秘密权利人合法权益的重要规则，2013年《民事诉讼法》第100条关于保全规定中首次规定了行为保全制度，为侵害商业秘密案件中适用行为保全提供了法律依据。本案是较早在侵犯商业秘密案件中适用行为保全的典型案件。本案对行为保全的适用条件、情况紧急、难以弥补的损害都作了有益尝试，与最高人民法院之后制定发布的《最高人民法院关于审查知识产权纠纷行为保全案件适用法律若干问题的规定》不矛盾。

按照《最高人民法院关于审查知识产权纠纷行为保全案件适用法律若干问题的规定》第7条的规定，适用行为保全应当综合考量五项因素（具体内容在第三章中已作介绍）。这五项因素可分为三大类：

首先，申请人的权利状态稳定。这与民事诉讼中首先审查原告的请求权基础一样，只有申请人的权利状态稳定，法院才有可能支持其行为保全申请。法院一般不支持权利状态不稳定的行为保全申请。

其次，损失衡量。对于申请人而言，如果不采取行为保全措施，将有可能造成难以弥补的损害，这是最直接的损失，不包括间接损失。对于申请人与被申请人而言，采取行为保全措施可避免的损失应大于不采取措施所造成的损失。此处体现了比例原则的思想。对于社会公益而言，不采取行为保全措施将有可能损害社会公共利益。可以说，上述损失衡量因素从微观到宏观角度逐步扩大视角，体现了在个案判断中充分衡量权益大小及权重比例的思路。

由于行为禁令是一种临时性的救济措施，不仅能够保障未来生效判决的顺利执行，而且在一定程度上会使得申请人提前获得最终救济的部分利益。因此，若法院根据申请人提交的证据初步判断申请人诉讼请求获得支持的可能性较低，则法院不宜准许行为保全申请。这通常也被称为胜诉可能性因素。

虽然《最高人民法院关于审查知识产权纠纷行为保全案件适用法律若干问题的规定》未直接规定胜诉可能性，但从行为保全适用条件中权利状态稳定以及不禁止被申请人的行为将会对申请人造成难以弥补的损害等因素考察，一定程度上反映了申请人主张的胜诉可能性。基于此，法院在对待行为保全的时候，应当慎之又慎，尽量避免保全错误。

最后，其他因素。这一兜底项的规定给当事人和法院提供了其他影响行为保全决定的因素。

本案中，黄某曾签订同意函，一定程度上肯定了其掌握申请人商业秘密的事实，但黄某此后拒绝履行承诺的行为使申请人商业秘密被泄露的可能性增加，一旦泄密，对于申请人而言，可能会造成难以弥补的损害，而要求黄某履行保密义务的损失显然低于申请人商业秘密被泄露的损失。

【相关知识】

当然，侵犯商业秘密民事案件中，并不是每个案件都能或有必要适用行为保全的，那些虽然持续时间长但要求停止并不急迫、侵权损失大但可以计算的侵权行为，一般不满足行为保全的法定条件。2018年，最高人民法院发布《最高人民法院关于审查知识产权纠纷行为保全案件适用法律若干问题的规定》，对行为保全的适用条件等具体要求作了进一步规定，目前法院作出行为保全时，会严格适用该解释的相关规定。商业秘密权利人也有必要对此有所了解。

除了上述行为保全的适用条件外，还有两点值得注意：

第一是"情况紧急"。之所以要通过行为保全救济申请人权益，一项重要的条件是避免对申请人造成难以弥补的损害，很多情况下，此项条件反映出禁止被申请人某行为存在"情况紧急"的情形，即支持申请人的行为保全申请属于"情况紧急"下的必要措施。这种急迫性使法院在判决之前直接作出裁定具有一定的客观依据。相反地，虽然发生侵权行为，但已经持续数年，权利人发现后并未急于要求行为人停止相关行为，显然，这不属于情况紧急有必要采取行为保全措施的纠纷。

第二是行为保全的执行。行为保全虽然与财产保全规定在《民事诉讼法》同一条款中，但对二者的执行存在差异。行为保全针对的是被申请人的行为,停止该行为显然需要被申请人的主动配合。由于行为保全裁定具有作出即生效的效力,所以从向被申请人送达时起,即对其有约束力。由于该案诉讼仍会继续推进,所以,行为保全裁定的执行情况,直接体现了被申请人对于纠纷事实和被诉行为的态度,相当程度上可以作为主观意思的证据。如果被申请人拒不履行行为保全裁定,不仅应承担不履行生效裁定的法律责任,而且也可能会被作为对被诉行为存在主观恶意对待,在最终的判赔数额方面会有明显的体现。该案中,黄某当庭书面承诺表示愿意遵守法院裁定,并在事后提交法院的答辩材料中,陈述其已经损毁了存储下载文件的硬盘装置,并附上照片佐证。因此,行为保全措施虽然不能直接给予商业秘密权利人经济损失方面的补偿,但通过及时制止侵权行为持续,阻止侵权后果扩大,也能尽量减少权利人损失。

【案例5】刑事案件中秘密点和危害后果的认定
——许某等犯侵犯商业秘密罪案[1]

【引言】

本案系侵犯商业秘密罪的典型案例。随着市场竞争日益激烈,竞争对手、内部员工内外勾结获取、使用、披露

---

[1] 参见北京市第一中级人民法院(2019)京01刑终329号刑事裁定书。

权利人核心技术信息,侵犯商业秘密的情况屡见不鲜。本案裁判适当借鉴了民事审判规则和理论,综合考虑与"秘密性"特点相关的证据认定商业秘密;在判断技术秘密权属时,不仅局限于权利证书等传统刑事认定依据,而且结合立项材料、研发材料、成本投入及市场开发等相关证据,排除了存在权属争议的合理怀疑后作出认定,增强了裁判说服力。本案适当借鉴民事审判规则,充分论证被告人行为满足侵犯商业秘密罪的各项构成要件,既体现了知识产权"三合一"审判机制的优势,也对严重侵犯商业秘密的行为给予了有力打击,切实加大了知识产权保护力度的成效。本案入选 2019 年度北京法院知识产权司法保护十大案例。

【案情简介】

许某曾是北京福星晓程电子科技股份有限公司(简称"晓程公司")的外贸部主管,徐某原为晓程公司生产采购部采购员。

2012 年至 2014 年间,许某违反晓程公司相关保密要求,将其所掌握的含有 FD3327K 型智能电表 "IC_PROG. ASM" "OPCARD. ASM" "SPI_DO_WITH. ASM" "DO_WITH_GLF. ASM" 四个核心程序源代码技术信息提供给他人,并伙同徐某等人使用上述核心程序源代码制作电表,通过其所实际控制的北京海马兴旺科贸有限公司(简称"海马公司")向平壤合营公司出口销售相关电表,非法获利。其中,许某负责出口及销售电表,徐某负责采购电表元器件、加工及后续焊接等。

经查,根据立项材料、研发等材料、非公知性鉴定、劳动合同、保密协议及相关证人证言等在案证据,可证实晓程公司享有涉案的四个核心程序源代码的电表程序技术秘密,且采取了严格保密措施,涉案四个核心程序源代码技术信息具备商业秘密的法定构成要件。另查,晓程公司主张其涉案技术研发成本为263万余元;徐某自认海马公司向其进货单价是155元,出口单价26美元。最初,许某向朝鲜制售的2万套电表中,其个人获利10万元,之后其与许某合作制造了三四十万个电表。

2017年6月,徐某、许某先后被抓获归案。公诉机关于2018年1月25日向一审法院提起公诉,认为许某、徐某的行为触犯了《刑法》第219条第1款第(3)项等相关规定,构成侵犯商业秘密罪,且后果特别严重,提请依法惩处。晓程公司当庭诉称二被告人非法获利巨大,仅出口退税就获利700余万元,给晓程公司造成巨额经济损失。

一审法院认为,许某、徐某违反晓程公司的保密要求,披露、使用或允许他人使用其所掌握的商业秘密,造成特别严重的后果,已构成侵犯商业秘密罪,应予惩处。公诉机关指控二被告人犯有侵犯商业秘密罪的事实清楚,证据确实充分,指控罪名成立。据此,一审法院判决:许某犯侵犯商业秘密罪,判处有期徒刑4年,罚金300万元;徐某犯侵犯商业秘密罪,判处有期徒刑4年,罚金200万元。一审宣判后,二被告人均提出上诉。二审法院审理后驳回上诉,维持原判。

【点评分析】

当前，先进的技术信息，特别是核心技术信息已经成为获得市场竞争优势的关键因素，甚至是很多高科技企业的生存兴旺之本。近年来，在巨大利益驱动和市场竞争压力下，通过各种非法或不正当手段获取、使用、披露他人核心技术信息，侵犯他人商业秘密的情况屡见不鲜。

然而，从司法实务统计的数据上看，更多都体现在民事诉讼数量增长上，进入审判的侵犯商业秘密刑事案件数量不多。其中瓶颈主要在于，司法实务中对侵犯商业秘密犯罪的取证和认证较为困难，对本罪的入罪要件，特别是对商业秘密的权属问题和权利人损失后果问题，理解和认识过于片面和机械，很大程度上影响了对此类犯罪及时打击的成效。

本案亮点体现在两个方面：

（1）侵犯商业秘密刑事案件中权属的认定。

一般情况下，对商业秘密是否存在以及商业秘密秘密点的确认主要依赖于鉴定机构出具的鉴定意见，但不意味着仅鉴定意见才能认定商业秘密。商业秘密的"秘密性"特点，有别于其他公开类的知识产权，决定了其在权属认定、成本投入及收益损失计算等方面存在很多特殊性，给侦查取证和认定提出很多挑战。本案对商业秘密的认定，适当借鉴民事法律规则和理论，采用综合性思维理解和适用法律。本案中，法院综合考虑了下列主要证据，对被害单位主张的商业秘密予以确认。

第一，被害单位提供的证据，包括研发立项、记录资料、成本明细、合同及晓程公司相关经营销售资料，劳动合同、保密协议等证据材料。此部分证据可以证明涉案四个核心程序系由晓程公司组织立项研发，用于其所生产销售的电表，优先投入并占有了市场，特别是在朝鲜市场，优先与平壤合营公司建立购销关系，形成了较为明显的市场优势。

第二，公安机关委托鉴定机关出具的非公知性鉴定意见。

第三，相关证人证言等证据。

法院认为，在案证据足以证实晓程公司对电表程序技术信息，包括涉案的四个核心程序源代码技术信息采取了较为严格的管理和保密措施，一般人员包括晓程公司非授权人员很难接触获取到。涉案四个程序源代码技术信息完全具备了商业秘密的法定构成要件。涉案研发记录资料虽由被害单位提供，但该记录资料经公安机关依法收集提取，内容具体、全面、翔实，手续齐备，并有相关人员签字确认及其他证据印证，足以采信；公诉机关出示的非公知性鉴定意见，由公安机关委托有权鉴定机构依法作出，程序合法，结论客观有据，并无不当。

（2）犯罪行为造成危害后果的认定。

刑事案件中，犯罪行为的危害后果主要以被害人损失或被告人的违法所得数额确定，本案在认定犯罪行为造成的危害后果时，除了评价对被害单位造成的损失外，包括被害单位的研发成本、应得的市场收益等损失，被告人的违法所得数额，还综合评价了该行为的社会影响。涉案技术产品系国内企业长期在朝鲜占据市场优势的产品，被告人通过不当手段向朝鲜相关企业出口近40万只电表，打破了原本稳定的市场秩序，对国际市场造成较大的负面影响。因此法院在本案中综合其他危害和影响后果情节，认定被告人侵犯商业秘密犯罪行为"造成特别严重的后果"。

【相关知识】

以上点评主要是从定罪角度进行的分析，实践中，人们往往更关心量刑问题。

《刑法》第219条侵犯商业秘密罪规定，"有下列侵犯商业秘密行为之一，给商业秘密的权利人造成重大损失的，处三年以下有期徒刑或者拘役，并处或者单处罚金；造成特别严重后果的，处三年以上七年以下有期徒刑，并处罚金："（一）以盗窃、利诱、胁迫或者其他不正当手段获取权利人的商业秘密的；（二）披露、使用或者允许他人使用以前项手段获取的权利人的商业秘密的；（三）违反约定或者违反权利人有关保守商业秘密的要求，披露、使用或者允许他人使用其所掌握的商业秘密的。明知或者应知前款所列行为，获取、使用或者披露他人的商业秘密的，以侵犯商业秘密论。"

以上规定中，前三项均为侵犯商业秘密罪的客观方面表现，只有符合以上客观方面，同时给商业秘密权利人造成重大损失，或者造成特别严重后果的，才给予量刑处罚。

什么是"造成重大损失",什么是"造成特别严重后果"?

《最高人民法院、最高人民检察院关于办理侵犯知识产权刑事案件具体应用法律若干问题的解释》第7条作了规定:"实施《刑法》第二百一十九条规定的行为之一,给商业秘密的权利人造成损失数额在五十万元以上的,属于'给商业秘密的权利人造成重大损失',应当以侵犯商业秘密罪判处三年以下有期徒刑或者拘役,并处或者单处罚金。给商业秘密的权利人造成损失数额在二百五十万元以上的,属于《刑法》第二百一十九条规定的'造成特别严重后果',应当以侵犯商业秘密罪判处三年以上七年以下有期徒刑,并处罚金。"

不是所有的侵犯商业秘密行为都能被追究刑事责任,《最高人民检察院、公安部关于公安机关管辖的刑事案件立案追诉标准的规定(二)》第73条规定了侵犯商业秘密涉嫌犯罪的立案追诉标准:"侵犯商业秘密,涉嫌下列情形之一的,应予立案追诉:(一)给商业秘密权利人造成损失数额在五十万元以上的;(二)因侵犯商业秘密违法所得数额在五十万元以上的;(三)致使商业秘密权利人破产的;(四)其他给商业秘密权利人造成重大损失的情形。"

本书所列举的侵犯商业秘密刑事案件,都满足立案追诉标准中关于损失数额或违法所得数额的规定。若低于该规定,通常而言仅可以通过民事或行政程序救济,而无法获得刑事救济。

【案例6】多人共同侵犯商业秘密的认定
——叶某等犯侵犯商业秘密罪案[1]

【引言】

员工在职期间即开始着手盗取单位商业秘密，在离职后专门成立与原单位相同业务的公司利用原单位商业秘密从事经营活动，此种行为属于典型的侵犯商业秘密行为。同时，此种行为往往非一人可为之，而是由多名员工分工合作，共同实施犯罪行为。原单位作为商业秘密权利人，针对此类行为的维权准备应从商业秘密秘密点、保密措施、被告人及被告单位从事的经营活动等方面尽可能提供充分翔实的证据或线索，便于司法机关高效准确地打击犯罪行为。

【案情简介】

贵阳时代沃顿科技有限公司（简称"沃顿公司"）成立于2006年7月28日，经营范围为复合反渗透膜、纳滤膜及其他膜分离材料产品的研制、生产、销售等，已发展为国内最大的复合反渗透膜专业化生产企业。自从成立以来逐步建立了安全保密制度和措施，对经营过程中形成的各项

---

[1] 参见贵州省贵阳市中级人民法院（2014）筑民三（知刑）初字第1号刑事判决书。

经营信息、相关产品研发，制造过程中形成的技术方案、工艺流程、图纸等技术信息采取了一系列保密措施。

叶某于2004年7月进入沃顿公司，自2006年起先后担任组件车间生产主管、物流中心任副主任、西南区域销售经理职务，与沃顿公司订立保密协议、竞业限制协议等。2011年1月申请辞职，2011年1月12日与沃顿公司解除劳动合同。

赵某于2004年8月进入沃顿公司工作。2008年10月9日起由研发中心工艺研究与过程控制主管岗位调任膜片工艺员，职责包括"负责制订产品工艺方案，编制工艺文件，监督工艺的实施"等；2010年4月1日起调任研发中心工艺研究工程师，职责包括"负责产品制造过程中相关设计问题的分析、判断与反馈，协助与膜片生产有关的工艺调整与控制，协助生产制造工艺、过程检验方法的研究"。沃顿公司与赵某签订保密协议、竞业限制协议，约定的内容和沃顿公司与叶某签订的保密协议基本一致。2011年5月9日赵某申请辞职，2011年5月24日与沃顿公司解除劳动合同。

宋某于2004年进入沃顿公司工作，与沃顿公司订有保密协议，一直从事公司覆膜、刮膜、组件生产设备的研究、设计、开发等工作，任装备部电气工程师。2011年3月17日，宋某向沃顿公司申请辞职，2011年4月15日与沃顿公司解除劳动合同。

2010年初，叶某与彭某（另案处理）商量生产反渗透膜，后二人邀约赵某、宋某参加，四人共谋成立公司。2011

年 4 月 13 日，由四人出资成立重庆嘉净源商贸有限公司（简称"嘉净源公司"），经营范围为销售饮用水净化器及配件、建筑材料、装饰材料、五金、机电设备、家用电器，注册资本为 50 万元。

叶某从 2010 年 5 月 17 日起从该公司电脑系统复制客户信息，并连同供应商资料、价格信息等其他涉密资料私自保存；赵某在沃顿公司办理辞职手续期间，擅自将该公司 PS 溶液及 LP/ULPPVA 配制配方、工艺参数、配制作业流程等涉密文件刻录光盘带回家中。经鉴定，沃顿公司的小线 3 复膜总图、小线刮膜改造总图、02 刀槽图图纸、PS 溶液及 LP/ULPPVA 配制配方、工艺参数、配制作业流程均属于商业秘密；宋某电脑里的图纸与沃顿公司小线 3 复膜总图、小线刮膜改造总图、02 刀槽图图纸相同。

2011 年 4 月至 5 月起，宋某在其掌握的沃顿公司小线 3 复膜总图等涉密图纸基础上，按赵某所提工艺要求进行修改、设计、制作生产反渗透膜设备并调试。经对宋某设计的部分图纸进行鉴定，与沃顿公司小线 3 复膜总图、小线刮膜改造总图、02 刀槽图图纸具有一定的内在联系，即前者为后者的局部零件、装置的细化图纸，但并未改变其零件或装置的实质性结构及其功能。

2012 年 2 月，宋某将设备调试好后，武胜门市部开始生产反渗透膜，并发货给彭某以嘉净源公司名义销售。截至 2013 年 3 月，武胜门市部及嘉净源公司生产、销售反渗透膜在 179176 支以上。经鉴定，武胜门市部、沃顿公司生产的反渗透膜所含化学成分含量接近，沃顿公司同类产品平均销售毛利为每支18.99元。沃顿公司被侵犯商业秘密的经济损失共计2877.08万元。

公诉机关指控叶某、赵某等人犯侵犯商业秘密罪,应依法惩处。

法院审理后认为叶某、赵某、宋某犯侵犯商业秘密罪,判决叶某有期徒刑4年并处罚金2万元;赵某有期徒刑3年,并处罚金1万元;宋某有期徒刑3年,并处罚金1万元。

【点评分析】

本案是一起复杂的侵犯商业秘密刑事案件,典型的借鉴意义主要反映在对技术秘密的认定,以及多人共同侵犯商业秘密行为的认定上。

(1) 技术秘密的认定。

本案中的商业秘密既涉及沃顿公司的经营信息,即该单位的商品供应渠道、销售渠道、客户名单、价格等信息,又包括该单位产品的技术信息,即配方、工艺流程、小线3复膜总图图纸等。本案中,考虑到沃顿公司在该行业领域的专业地位以及取得的各类技术成就,加之相关权威鉴定机构出具的相关信息非公知性鉴定意见,可以认定沃顿公司所主张的商业秘密存在。当然,个案中还需要确定具体的商业秘密范围,经营秘密往往由被害单位经过多年的经营积累形成,具有个性化特点,而技术秘密一般是在已有技术或公有技术基础上改造升级形成,只有与在先技术存在明显的技术优势,才可能形成新的技术秘密权利人。

本案中,叶某认可沃顿公司主张的商业秘密存在,但赵某提出，沃顿公司主张的工艺参数及配制作业流程是公开通用的技术，不属于商业秘密，并提交了《膜分离技术基础》《膜材料及其制备》等公开出版的书籍作为证据。对此，法院审理中将赵某提供的公开出版物和沃顿公司主张的技术进行比对，发现上述专业书籍只是公开介绍相关原理，并未公开介绍与沃顿公司主张中一致的 PS 溶液、LP/ULPPVA 配制配方、工艺参数及配制作业的具体流程，因此，以这样公开出版的书籍来证明上述技术信息是公知技术是缺乏证明力的。可见，个案中认定的技术秘密，一定是具体、特有的技术类指标信息，这些技术信息通常是建立在基础技术原理和研发、生产方面的基本规则、规程基础上的，但显然与基本原理、规则不同，可以形成受法律保护的技术秘密。

（2）多人共同侵犯商业秘密行为的认定。

侵犯商业秘密行为的认定，应满足《刑法》第 219 条规定的具体行为表现，比如通过不正当手段取得权利人的商业秘密，又将取得的前述秘密披露、使用或允许他人使用。通常而言，通过不正当手段取得商业秘密仅是一项过程性行为，并不是目的性行为，但只要实施其中一项行为，都属于侵犯商业秘密的行为。

上述行为在个案中往往不只是单独的行为，而是多人合作的系列行为。比如，上案中，叶某将其利用职务之便非法复制的沃顿公司客户信息，赵某擅自将沃顿公司的技术秘密文件拷贝回家，宋某将赵某非法获取的技术信息进行改造，后由武胜门市部开始生产反渗透膜，并以嘉净源公司名义销售。

叶某、赵某、宋某均违反与沃顿公司保密协议的约定，违反沃顿公司有关保守商业秘密的要求，使用了各自所掌握的沃顿公司的商业秘密，共同实施了侵犯他人商业秘密的行为，造成商业秘密权利人375.468万元的经济损失，后果特别严重，三人均已构成侵犯商业秘密罪。

叶某、赵某、宋某在实施侵犯商业秘密犯罪过程中，彼此分工合作，叶某与未到案的彭某邀约赵某、宋某，在出资成立嘉净源公司销售产品的过程中，其地位、作用大于赵某、宋某，故对三人应按照各自在共同犯罪中的地位、作用依法处罚。

正在征求意见的《刑法修正案（十一）（草案）》，不仅提高了量刑，而且增加了对构成侵犯商业秘密罪行为的规定，如"为境外的机构、组织、人员窃取、刺探、收买、非法提供商业秘密的"行为，此规定若能通过，将扩展对多人合作共同侵犯商业秘密犯罪行为的认定。

【相关知识】

实践中，最常见侵犯商业秘密的情形是违反约定或保密义务，披露、使用或者允许他人使用其所掌握的商业秘密。此种情况下，行为主体掌握商业秘密是通过合法途径取得的，但行为主体违反了与商业秘密权利人之间的约定义务导致商业秘密外泄。此种情形的保密约定还有两种情形，一是与商业秘密权利人订立许可使用合同的一方当事人，二是商业秘密权利人单位中知悉其商业秘密的技术人员等员工。

涉及技术秘密刑事案件的抗辩中，也存在类似于民事侵权案件中的"反向工程"等合法抗辩理由。被告人若能有效抗辩被诉信息属于其自己研发，或者合法取得，亦能排除其行为的违法属性。

被告人赵某抗辩其反渗透膜生产技术是参考有关资料，利用自己的知识，未使用沃顿公司的商业秘密。对此，法院查明，赵某于2004年7月大学毕业即进入沃顿公司工作，直至其2011年5月辞职离开沃顿公司，此期间其并没有其他的工作经验及其他的技术来源，其离开沃顿公司至其生产出反渗透膜产品仅短短几个月的时间，一个技术从初始到成熟并具有实用性，需要反复的试验与探索，不可能一蹴而就，赵某并未提交其自行研制的相关证据，其该辩解与科学规律相悖。因此，法院没有采纳赵某自己研发涉案技术的辩称。

另外，赵某还辩解在生产中使用了彭某购买的专利技术，若所用技术从公开市场有偿合法取得，则不宜轻易认定属于侵权技术。但法院查明，根据叶某的供述，购买该专利的目的只是为了避免纠纷，并不是为了使用该技术进行生产；根据相关书证证实，彭某购买该专利的时间是2012年11月，而此前赵某已经生产了数月，已有产品面市，购买该专利前和购买后其生产并未发生任何变化，故其该辩解与实际情况不符，所以此项辩解不能成立。

北京市知识产权维权援助中心简介

北京市知识产权维权援助中心,是市政府批准的提供知识产权维权援助、知识产权纠纷调解、知识产权法律咨询以及其他知识产权保护公共服务的机构。

工作理念:

服务维权、服务执法、服务社会

工作职责:

(一)提供有关知识产权法律法规、授权确权程序与法律状态、纠纷处理方式、取证方法等咨询指导服务,组织提供知识产权公益研讨、培训;

(二)依当事人申请,对符合条件的国内重大、疑难知识产权纠纷提供指导服务;

(三)提供海外知识产权风险防范和纠纷应对指导,承担国家海外知识产权纠纷应对指导中心北京分中心职能;

(四)接受北京市知识产权纠纷多元调解协调指导委员会办公室委托,承担知识产权纠纷调解组织、调解员的规范化管理及业务指导工作;

(五)与区知识产权管理部门、中关村分园共同设立和

管理知识产权公共服务区中心、工作站,为创新型中小微企业、创新创业载体、行业组织提供知识产权公共服务;

(六)管理首都保护知识产权志愿服务总队,组织开展知识产权保护志愿服务;

(七)开展知识产权信息服务和文化宣传;

(八)其他知识产权保护公共服务事项。

北京知识产权维权援助微信公众号